PE. JERÔNIMO GASQUES

SANTO EXPEDITO DA ÚLTIMA HORA
O Santo das causas urgentes

DIREÇÃO EDITORIAL:
Pe. Fábio Evaristo R. Silva, C.Ss.R.

CONSELHO EDITORIAL:
Ferdinando Mancilio, C.Ss.R.
Marlos Aurélio, C.Ss.R.
Mauro Vilela, C.Ss.R.
Ronaldo S. de Pádua, C.Ss.R.
Victor Hugo Lapenta, C.Ss.R.

COORDENAÇÃO EDITORIAL:
Ana Lúcia de Castro Leite

COPIDESQUE:
Bruna Vieira da Silva
Sofia Machado

REVISÃO:
Bruna Vieira da Silva

DIAGRAMAÇÃO E CAPA:
Junior Santos

Dados Internacionais de Catalogação na Publicação (CIP)
(Câmara Brasileira do Livro, SP, Brasil)

Gasques, Jerônimo
 Santo Expedito da última hora: o santo das causas urgentes/ Jerônimo Gasques. – Aparecida, SP: Editora Santuário, 2018.

 ISBN 978-85-369-0554-9

 Expedito, Santo, m.303 2. Santos cristãos – Biografia I. Título.

18-19083   CDD-282.092

Índices para catálogo sistemático:
1. Santos: Igreja Católica: Biografia e obra 282.092
Cibele Maria Dias – Bibliotecária – CRB-8/9427

2ª impressão

Todos os direitos reservados à **EDITORA SANTUÁRIO** – 2022

Rua Padre Claro Monteiro, 342 — 12570-000 — Aparecida-SP
Tel.: 12 3104-2000 — Televendas: 0800 16 00 04
www.editorasantuario.com.br
vendas@editorasantuario.com.br

Rua João Paulo II, s/n - Alto da Bela Vista
Cachoeira Paulista-SP - Cep: 12630-000
Tel.: [55] (12) 3186-2600
E-mail: editora@cancaonova.com | loja.cancaonova.com
Twitter: @editoracn

Santo das causas urgentes e impossíveis, Santo Expedito possui enorme devoção popular em diversos países. Em 19 de abril, devotos de todo o mundo compartilham recados e oram por seu dia.

Por esse motivo, Santo Expedito ficou conhecido e é invocado como o Santo que resolve os problemas com rapidez, ou o Santo da última hora, além de ser o Santo protetor dos militares, dos jovens, dos estudantes, dos viajantes, dos enfermos e tantos outros que invocam e pedem sua intercessão junto a Jesus Cristo.

Mostrou, com a vida, que nunca devemos deixar para amanhã nossas obrigações de cidadãos e de cristãos, uma vez que só dispomos do hoje e do momento presente.

APRESENTAÇÃO

O tempo tem me presenteado com momentos de grande beleza, principalmente, pelos devotos que passaram a fazer parte da minha vida e minha história. E, agora, a alegria é maior ainda.

Assim, em primeiro lugar, quero agradecer a Deus e a Santo Expedito eu ter sido convidado para fazer a apresentação deste livro. Durante estes 8 anos, que estou em Santo Expedito, SP, presenciei os testemunhos e a disposição dos fiéis devotos, que receberam graças do Santo Guerreiro. Testemunhos sempre marcados de forte emoção, sensibilidade e gratidão ao santo das causas justas e urgentes.

A força, a coragem e a determinação dos devotos sempre me surpreenderam, quando, por muitas vezes, pude acompanhá-los nas peregrinações e caminhadas no percurso da fé, às vezes, por mais de 100 km, a pé e com cajado nas mãos.

A responsabilidade é grande de escrever a apresentação deste livro do padre Jerônimo Gasques, sobre a vida de Santo Expedito. Seu escrito, por certo, irá divulgar mais ainda essa devoção fervorosa ao amado patrono das causas urgentes.

Sem dúvida nenhuma, este livro vai iluminar a vida de muitos e ser agente inspirador para todos aqueles que sofrem das dores do cotidiano e fortalecimento do espírito de vivência, da experiência amorosa de Deus.

Aqui, em Santo Expedito, na Alta Sorocabana, região de Presidente Prudente, SP, está em construção o grande Santuário Nacional, dedicado a ele, com uma área total construída de 10.000 m², com inauguração prevista para 19 de dezembro de 2019.

Contamos com sua gentil participação nesse projeto de espiritualidade devocional a Santo Expedito e a divulgação de nosso livro, além do crescimento da fé naquele que nos inspira em momentos de infortúnios.

Devoção a Santo Expedito

Desde 1998, o município de Santo Expedito conta com um fluxo espontâneo de visitantes e fiéis atraídos pela fé no "Santo das Causas Justas e Urgentes". Por ser o único município do Brasil com o nome do santo, um devoto veio da capital, em cavalgada com amigos, para a então Capela de Santo Expedito, para agradecer uma graça alcançada, por ocasião da enfermidade de sua mãe.

A partir daí, o número de romeiros vem crescendo a cada ano, principalmente, no dia 19 de cada mês, em que centenas de pessoas acompanham a celebração campal realizada na praça central da cidade, em louvor a Santo Expedito. E, no dia 19 de abril, em que se comemora sua FESTA MAIOR, milhares de pessoas, de todo país e do exterior, passam pelo município.

Dados recentes, divulgados pela Polícia Militar, somam mais de 65 mil pessoas, participantes das missas e de momentos individuais de preces e pagamento de promessas.

Sou, assim, agradecido a todos e convido o querido leitor a nos visitar a qualquer momento. Seja bem-vindo, romeiro de Santo Expedito!

Pe. Umberto Laércio Bastos de Souza
Reitor do Santuário

* * *

Motivando a devoção. Invocamos Santo Expedito nos problemas urgentes e que demandam pronta solução, em que a demora poderia ser extremamente prejudicial. Também ele exige atenção e presteza naquilo que lhe é prometido. Se lhe é feita uma promessa, geralmente de divulgação, a prestação deve ser feito sem demora. Portanto, se você está com qualquer problema de difícil solução e precisando de ajuda, com urgência, peça a Santo Expedito, que é o santo dos negócios que precisam de pronta solução, cuja invocação nunca é tardia.

INTRODUÇÃO

Certa vez, um jovem foi conversar com um padre sobre suas dúvidas em relação à vida. O jovem falava sobre todos os seus planos para o futuro e os passos que precisaria dar até alcançá-los. Estava cheio de projetos e desejos a serem realizados. Dizia este jovem:
– Ah, padre, amanhã eu serei um filho melhor! Serei um filho perfeito, o filho que meus pais sonharam. Amanhã eu estudarei para um concurso importante. E juro que amanhã terei um namoro sério.
O padre observava todo aquele discurso em silêncio. Fitava o menino e pensava em algo para dizer. Na sala em que se encontravam estava uma imagem de Santo Expedito. O experiente padre sorriu, ao avistar aquela imagem, e disse:
– Meu filho, já viu aquela imagem de Santo Expedito? Observe a cruz na mão do Santo e o corvo a seus pés. Diga-me o que vê.
O jovem olhou a imagem e observou que nas mãos do soldado romano havia uma cruz e a escrita na cruz trazia a palavra *HODIE*, e da boca do corvo, pisado por Santo Expedito, saía a palavra *CRAS*.
– Padre, estou vendo duas palavras em latim. *Hodie* e *Cras,* mas não sei o que significam.

– Meu jovem! O corvo representa o inimigo, e da sua boca sai a palavra *CRAS*, que significa AMANHÃ, e, na cruz de Santo Expedito, está a palavra *HODIE* que significa HOJE. A imagem nos diz que devemos esmagar as seduções e as tentações de deixarmos para amanhã a ideia de sermos melhores. Precisamos, com o exemplo desse jovem soldado, ter a pressa para sermos agradáveis a Deus. O ontem não existe mais, o amanhã ainda não existe... Só temos o HOJE para fazermos a vontade de Deus (Magno Maciel, *HODIE ou CRAS?* Certa vez, um jovem foi...).

Escrever sobre Santo Expedito é mais um desafio para mim. Faz tempo que tenho observado seus devotos e a necessidade de maiores esclarecimentos a respeito de sua devoção e um pouco de sua história. Ao menos, farei a minha parte como pastor; um esforço para atualizar a reflexão, corrigir alguns desvios e recolocar o devocional expeditiano em seu devido lugar, na prateleira da fé popular.

Talvez, a palavra "correção" não esteja bem indicada. Toda pessoa católica, quando adota uma forma de espiritualidade santoral, ela o faz porque um padre, um dia, apresentara-lhe um tipo de modelo de santo. Sugeriu-se lhe uma forma de devoção e o devoto se apegou àquilo como uma espécie de verdade absoluta.

Na diocese de Presidente Prudente-SP, está localizada uma das únicas (duas apenas) cidades dedicadas a Santo Expedito. Observa-se, todo dia 19 de cada mês, uma afluência de devotos que se dirigem àquela cidade em busca de uma palavra, para tocar na imagem do Santo, para agradecer alguma graça, participar da Santa

Missa, pedir uma bênção, uma oração, pagar uma promessa, enfim, de um momento de espiritualidade para dar crédito à sua devoção.

Para lá se conduzem os romeiros de várias formas: de carro, a pé, de bicicleta, de moto, a cavalo, de carro de boi, em forma de peregrinação etc. Todos carregam uma história para contar. A cidade é enfeitada e barraquinhas vendem guloseimas, lembranças e outras bugigangas aos romeiros. Certamente, existe muita alegria e determinação.

É curiosa a fé dos que fazem o trajeto a pé. Chegam extenuados, mas felizes por terem cumprido a promessa que fizeram e se sentindo realizados. Quando avistam, à distância de alguns quilômetros, o Santuário em construção, já se sentem cheios de emoção, coragem e uma enorme satisfação. A promessa, com certeza, não é para o santo, mas uma prova de resistência pessoal.

Há uma diferença entre ser devoto e conhecer um pouco mais da história de seu santo de devoção. O conhecimento abre nossa mente e esclarece aqueles pontos meio obscuros da fé santoral. Acreditar naquilo que pouco se conhece não é muito confortável e confiável. Santo Agostinho dizia que só se ama de verdade aquilo que conhecemos.

Certamente, encontramos pouco material disponível a respeito da "biografia" de Santo Expedito e de sua história repleta de obscuridade, como própria daqueles que nasceram nesse período conturbado da história da Igreja. A história de Santo Expedito está envolta em uma série de lendas. Elas devem ser interpretadas para retirar-se o devocional cercado de certo obscurantismo. As lendas não são histórias mentirosas; são detalhes de uma história acrescida à verdade.

É certo, todavia, que não pretendemos transcrever um documentário extenso a seu respeito. Apenas, fazer lembrança de sua história como homem de Deus, que viveu e deu um testemunho cristão, recheado de esperança e confiança em um Deus providente.

Expedito passou, na história milenar da Igreja, como santo. Não bem lembrado devido aos atropelos próprios do caminhar da Igreja. Importa saber que a lembrança dele se perpetuou por séculos. Isso já é o suficiente para termos um mínimo de ideia sobre a importância que ele teve no devocional litúrgico.

A maior parte das histórias dos mártires foi narrada em "Atas". Essas Atas são relatos do sofrimento dos mártires cristãos e formam um subgênero dentro da história dos cinco primeiros séculos do cristianismo. Nascem do próprio fato das perseguições e costumavam ser lidas às comunidades cristãs nos atos litúrgicos em que comemoravam o aniversário do martírio. As histórias dos mártires faziam eco à coragem dos primeiros cristãos.

As Atas eram livros curiosos e interessantes para o tempo. Existiram vários tipos de Atas. Narravam-se, ali, alguns diálogos entre o mártir e o carrasco, como é o caso da Ata de São Justino e Santa Cecília. Vamos anotar um último deles, pois, nesse gênero enquadra-se a vida de Santo Expedito.

O terceiro grupo abrange as lendas de mártires compostas com fins de edificação e, muitos anos depois, do martírio. São uma mescla fantástica de verdade e imaginação. Ou simples novelas sem nenhum fundamento histórico.

A esse grupo pertencem as Atas dos mártires romanos, Santa Inês, Santa Cecília, Santa Felicidade e seus sete filhos, Santo Hipólito, São Lourenço, São Sisto, São Sebastião, Santos João e Paulo, Cosme e Damião etc. O fato de tais Atas não serem autênticas não prova, de forma alguma, que esses mártires não tenham existido. Indica apenas que não se pode usar esses documentos como fontes históricas.

As Atas narram não só o processo, o julgamento e a execução do mártir, mas também o comportamento corajoso e cheio de fé dele, expresso, especialmente, nos diálogos e nas orações (Côn. Dr. José Adriano).

Na oração feita pela testemunha, antes de sofrer o martírio, em geral, está presente a confissão da onipotência de Deus, em quem o mártir deposita total confiança; a filiação divina de Cristo, como verdade da fé pela qual o mártir dá a vida; a ação de graças por ser digno de participar do sofrimento de Cristo; a certeza da ressurreição da carne e a ação do Espírito Santo, como na oração de Policarpo:

> Senhor, Deus onipotente, Pai de teu amado e bendito servo, Jesus Cristo, por quem temos recebido o conhecimento de ti, Deus dos anjos e das potestades, de toda criação e de toda casta de justos, que vivem na tua presença. Eu te bendigo, porque me tiveste por digno desta hora, a fim de tomar parte, contado entre os teus mártires, no cálice de Cristo, para a ressurreição de eterna vida, em alma e corpo, na incorrupção do Espírito Santo. Seja eu com

eles recebido em sacrifício aceitável, conforme de antemão me preparaste e me revelaste e agora o tens cumprido, tu ó infalível e verdadeiro Deus. Portanto, eu te louvo por todas as coisas, te bendigo e te glorifico, por mediação do eterno e celeste Sumo Sacerdote, Jesus Cristo, teu servo amado, pelo qual a glória a ti, com o Espírito Santo, agora e nos séculos por vir. Amém.

As Atas atestam uma espécie de credo pessoal do mártir. Os escritores, que preparavam os textos, copiavam da tradição oral de alguns amigos ou familiares que contavam as histórias ao narrador. Como a leitura das pessoas era pouca, certamente, escreviam de forma breve, reservando apenas as ideias centrais que dizem respeito ao martírio e sua compreensão, nem sempre narrados em livros ou Atas. Pudera, também, são dezenas e centenas de mártires que tombaram nos primeiros cinco séculos do cristianismo. Os componentes essenciais do martírio, tais como: sofrimento suportado com paciência, fidelidade, aceitação sem revolta, humildade, coragem, liberdade de consciência e amor, foram experimentados por homens e mulheres como participação no sofrimento, morte e glória de Cristo.

Os livros antigos sobre as Atas dos Mártires não narram a história de Santo Expedito de forma existencial à semelhança de uma biografia. Apenas o livro chamado de *jerosolimitamo* narra o martírio dele. É um livro escrito nos primeiros séculos sobre os mártires, escrito em Jerusalém, por isso leva o nome da cidade. As pequenas "vita sancta" também não os citam.[1] A Legenda Áurea, de Jacopo de Varazze, também não menciona uma linha sequer sobre Santo Expedito.

É curiosa, todavia, que sua memória era lembrada na ação litúrgica até o alvorecer dos primeiros séculos. Depois, ele foi esquecido e voltado a ser lembrado em pleno século VIII e, especialmente, no século XVII, quando as suas "relíquias" foram retiradas da Catacumba romana e levadas para Paris. Começa, nesse período, uma série de escritos narrando a história de alguns mártires e, de forma deturpada, que levou a Igreja a suspender a devoção para alguns santos. A reforma litúrgica levou a isso: purificar o devocional, pois estava repleto de histórias desconexas e desencontradas e não fazia muito sentido com as propostas do Concílio Vaticano II.

Este livro trará à tona alguns elementos para reforçarem a espiritualidade de quem o lê. Vamos mostrar os elementos conhecidos da história de Santo Expedito com uma modesta hagiografia voltada àquilo que se herdou da história e de algumas lendas. A maioria das informações está referenciada nas várias lendas a respeito dele, que são um modo de se escrever, via oral, aquilo que ficou na imaginação popular.

---

[1] As *Atas dos Mártires* são relatos dos sofrimentos dos mártires cristãos. Formam um subgênero dentro da história dos cinco primeiros séculos do cristianismo. Nascem do próprio fato das perseguições e costumavam ser lidas às comunidades cristãs nos atos litúrgicos que comemoravam o aniversário do martírio. O nome de Atas dos mártires (*acta* ou *gesta martyrium*) deve ser reservado exclusivamente para esse grupo. São fontes históricas imediatas e dignas de crédito que se limitam a consignar os atos. A esse tipo pertencem as Atas de São Justino e companheiros (segunda metade do século II); as Atas dos mártires escilitanos na África, que contém as atas oficiais do julgamento de seis cristãos de Numídia, que foram sentenciados pelo procônsul Saturnino e decapitados no dia 17 de julho do ano 180. Também as Atas proconsulares de São Cipriano, bispo de Cartago, executado dia 14 de setembro do ano 258 (cf. J. Quasten, *Patrología*, I, 171-180; *Actas de los Mártires*. Edição bilíngue. Versão de Daniel Ruiz Bueno, 1987).

Sabemos que sua história atravessa quase dois mil anos e é de bom tom que não tenhamos muitos elementos descritivos sobre sua vida. Aqui, entram aqueles elementos mais emocionais para o questionamento, como é o caso de quem foram seus pais, sua terra natal, local certo de seu nascimento e falecimento etc.

Tudo isso poderia ter pouca seriedade, mas para o hagiógrafo é importante e para o devoto é fundamental que se conheçam detalhes de sua história. Se há dificuldade em descrever sua história, imagine descrever ou pensar a infância, a convivência com os pais etc.

No que tange à história de Santo Expedito poderá ficar inquestionável a simbologia admirável que possui para a reflexão dos dias atuais. Se ela foi produzida ou não, não vem ao caso. Apenas, acenar esse destaque e retirar disso os elementos fundamentais para a espiritualidade devocional.

Imagine um santo para a última hora! Ter a quem recorrer naqueles momentos piores da vida. A imagem de Santo Expedito é repleta de imaginação simbólica e esses símbolos devem ser decodificados para se entender a que ele nos é apresentado. O devoto vai a ele na fé e na comunhão. Comunga daqueles símbolos e traz à mente uma série de opções libertadoras.

A inteligência espiritual se faz de conquista e de fé. Saber ou conhecer a história não nos faz mais piedosos e devotos desse ou daquele santo. A hagiografia nos situa e contribui com alguns elementos importantes, tais como entender seu mundo. A piedade popular, todavia, nos remete à ideia, ao símbolo e ao ato de fé na comunhão universal dos santos.

Em Santo Expedito, de início, tudo pode parecer confuso... Retiremos as cinzas para fazer aparecer as brasas!

PRIMEIRA PARTE

INTRODUÇÃO À DEVOÇÃO A SANTO EXPEDITO

Apresentaremos, a seguir, a devoção a Santo Expedito. Aos que nunca leram e se interessam por esse soldado romano está, aqui, a possibilidade de esclarecer algumas ideias a seu respeito. É certo que não vamos descrever sua história, pois não a temos como certa e definitiva. Também não vamos inventar coisas a respeito dele. Vamos cotejar aqueles aspectos próprios legados pelas lendas e pela pouca história de sua vida.

O livro deseja ser uma ponte entre o Santo e o devoto. Nele estarão inscritas aquelas devoções e orações peculiares da nossa realidade como devotos. Este livro/devocionário, servirá de inspiração para a nossa devoção a Santo Expedito.

Dentre os milhares de santos e santas, reconhecidos pela Igreja, elegemos Santo Expedito para ser nosso Santo preferido das causas urgentes e que não podem ser adiadas. Há momentos na vida que são urgentes e outros que podem demorar mais um pouco, e a paciência nos faz esperar mais tempo.

Poderíamos afirmar que Santo Expedito é o santo da paciência. Enquanto paciente, não deixava de agir em favor da causa do Reino. Era uma paciência operativa. Agia no hoje de sua vida, sem protelar as coisas do Reino para outro dia ou quando a oportunidade aparecesse. Às vezes, é uma questão de saber esperar, porque o que é valioso demora a ser conquistado.

São Francisco de Sales dizia: "O que é a vida dos santos se não o Evangelho colocado em prática?" Os santos de Deus são aqueles heróis de Jesus Cristo que, alcançando uma vitória sobre o demônio, o mundo e a carne, e praticando as virtudes em grau heroico, alcançaram a eterna bem-aventurança.

Os santos são modelos de vida em Cristo, e pelo seu testemunho são nossos intercessores junto a Deus. Servem como referência a Cristo para nossas mazelas.

A devoção nasce, em geral, como resultado de uma emergência. Outras vezes, deve-se ao tanto que se ouve dizer sobre esse ou aquele santo. Com o tempo, aquelas informações vão entrando em nosso imaginário e passamos a admirá-lo, aproxima-nos dele de forma devocional.

Alguns entram em contato com o santo por meio da leitura de um livro a seu respeito, uma biografia, uma oração, enfim. Inicialmente, tudo pode acontecer como se fosse uma curiosidade, depois, aquela curiosidade transforma-se em convicção, em certeza da escolha devocional.

Outras vezes, a devoção nasce por influência da família. Muitas famílias possuem em suas casas uma espécie de oratório, com algumas imagens de santos. As crianças, desde cedo, observam a relação dos pais com os santos e, depois, participam da catequese, da vida paroquial, da festa do santo padroeiro e assim por diante.

Todos esses espaços motivam o encontro com o santo preferido. Na família deveria existir o maior centro de catequese devocional. É justamente ali que nascem a verdadeira devoção e o assentimento a uma devoção equilibrada e sadia, ou a estraga de vez, quando a superstição ultrapassa a genuína devoção.

Conhecemos pessoas que se interessaram por determinado santo porque receberam um cartão, "santinho", com uma oração e algumas palavras de orientação. Isso foi suficiente para estabelecerem uma relação de afeição pelo santo.

Assim se forma o devocional. É certo, todavia, que todos nós, católicos, temos uma predisposição à espiritualidade santoral. Apenas deve ser despertada, valorizada e experimentada na fé.

A dúvida, para alguns reticentes, surge por meio de uma pergunta um tanto desconexa e interessada em excluir a ideia de Santo Expedito. E se ele não existiu? Veneramos o quê? Pois bem. Se existiu ou não, não podemos afirmar. O certo é que existiu "esse" soldado romano. Tudo indica a veracidade do fato e que poderia ter outro nome, mas isso não vem ao caso para nossa fé.

Cremos na comunhão dos santos que fazemos na fé. Se Santo Expedito foi batizado na fé da Igreja é o bastante para sua veneração. Nós, católicos, não adoramos o santo nem a imagem que o representa. Isso importa bastante para a reflexão.

O cristão acredita na ressurreição, mais que na veneração de um ou outro santo. Com essa dinâmica da fé nos motivamos a acreditar nesse "tal" Expedito. Seu nome, inclusive, indica-nos uma série de assertividades. Ele tem um nome forte e cheio de virtualidade.

Expedito não é um nome moderno, como os que conhecemos atualmente. Assim eliminamos uma série de possíveis dúvidas. Seu nome significa aquilo que buscamos. Expedito vem do latim: *Exdictus*, que significa rápido, urgente, não adiável...

1. SANTO EXPEDITO, UM POUCO DE SUA HISTÓRIA[2]

Expedito era um soldado e foi um cristão martirizado, no início do século IV, em Melitene, na Armênia. O Reino da Armênia, por volta de 150 d.C., foi um estado vassalo disputado pelo estado de Roma de 66 a.c. até sua dissolução no século VI; teve diversas porções de seu território controladas não apenas pelos romanos, mas também pelos partas e sassânidas no período.

A influência do cristianismo deu-se na região ainda no século I, tradicionalmente, iniciada pelos apóstolos Bartolomeu e Judas Tadeu, que ainda hoje são reverenciados como padroeiros da Igreja apostólica armênia.

Não existe uma data de nascimento de Santo Expedito conhecida. Sabe-se que ele era romano e, para outros, era armênio devido ao seu local de martírio

---

[2] A "história" sobre Santo Expedito, como a que segue, doravante, não contempla um seguimento historiográfico de modo sequencial. Não temos escritos antigos que determinem esse caminho da história. Não encontramos uma história de vida sobre Santo Expedito e, assim, temos dificuldade de determinar uma sequência. O que faremos, então? Anotamos pontos de vista e meditamos sobre eles de forma a se concluir aquilo que se encontra em algumas lendas ou em pequenas histórias de Santo Expedito. Assim procedendo, guardamos a verdade sobre a sua história! Nosso livro está mais para uma meditação sobre uma maravilhosa e edificante história de um homem que deu a vida pelo testemunho de sua fé.

(mas parece provável que seja Melitene, hoje, Melitia, ou Malatia – Turquia – região do Cáucaso – Ásia Ocidental).

Não sabemos se era casado. Provavelmente não era. Algumas lendas relatam sua vida um tanto "devassa", como própria de um soldado desaquartelado. As constantes atividades militares, em lugares diferentes, poderiam levar o soldado a um tipo de vida não condizente com o bom comportamento. Isso tem muito a ver com sua pouca idade e procrastinação.

Viveu em uma cidade construída no século II pelo imperador romano Trajano, onde provavelmente sofreu seu martírio. Sabe-se também que foi senador de Roma, príncipe-consul do Império Romano na Armênia, militar e comandante da XII Legião Romana. Apesar dessa condição, converteu-se ao cristianismo.

A XII Legião, a qual pertencia Expedito, tinha o nome de Fulminata, que significa "vem como um raio". A Fulminata tinha cerca de 8 mil homens, contando soldados, escravos e cavaleiros. Um número admirável, mas necessário para defender o Império Romano dos ataques dos inimigos.

No tempo de Expedito, a XII Legião defendia as fronteiras orientais do Império Romano contra os bárbaros asiáticos. Expedito comandou essa Legião de 296 a 303 d.C. Para ser comandante de uma Legião Romana era preciso muita competência e bravura. Tanto que, alguns anos antes, a mesma XII Legião havia sido comandada por um imperador romano, Marco Aurélio, em uma campanha onde, hoje, é a Eslováquia.

Sabe-se que Expedito era um líder nato e competente. Seu cargo equivaleria hoje ao de um general. Ele se tornou famoso por manter a disciplina dos soldados e todos o respeitavam. Por outro lado, como a maioria dos soldados romanos, o comandante Expedito tinha uma vida devassa, rodeada de luxo, prazeres e fama.

Expedito era um soldado que pertencia à esfera romana, na qual quem determinava e mandava era o Imperador. Aliado a essa força política havia a questão religiosa de ordem doutrinária. Servir ao exército romano era sinônimo de servir aos deuses que, segundo eles, comandavam e fortaleciam seus soldados e súditos.

Curiosamente, não se tem notícias de que o soldado Expedito, em sua mocidade, fosse um adorador daqueles deuses servidores e protetores do Império. Seria ele rebelde nesse sentido? Como chegou ao cargo tão importante e alto se ele não fosse um idólatra? São perguntas que ficam sem respostas.

Se sua vida, segundo algumas lendas, não era de um "modelo" de homem moralmente comportado, qual seria sua relação com a religião do Império? Devassidão e idolatria poderiam caminhar lado a lado. Certamente, não é isso que as lendas narravam. Nada indica que tivera uma vida ligada aos cultos romanos.

Essa dificuldade de estabelecer uma relação entre a adolescência e sua juventude com o culto aos deuses romanos cria uma dificuldade de se fazer uma leitura de sua opção como cristão, embora emblemática. Nesse sentido, temos pouco a oferecer ao leitor, apenas algumas instigações na linha da sociologia comportamental dos povos romanos.

O cenário está mais para a questão moral, pois ele era jovem e as constantes lides como soldado fazia-o sair da rota. A prostituição no Império Romano era uma "prática normal" entre os vassalos da plebe. O próprio Império favorecia isso, e daí vem a máxima: "pão e circo" para o povo alegrar-se com poucas coisas que edificam a vida eticamente.

No Império Romano as tabernas, prostíbulos e a prática de sexo desordenado eram comuns e, inclusive, o lesbianismo e o homossexualismo entre adultos e jovens (crianças). Os romanos aproveitavam-se da intimidade de suas escravas e dos jovens escravos. As crianças adotadas eram, muitas vezes, sujeitas às práticas homossexuais. As relações sexuais entre adultos e adolescentes eram permitidas.

Não temos, do soldado Expedito, uma descrição de sua mudança de comportamento moral, de como foi feita a passagem daquela vida quase sem sentido para o começo da admiração ao cristianismo, embora, sabemos que convivia com a maioria dos soldados que eram cristãos. Será que os soldados influenciaram em sua decisão de seguir a religião cristã?

Algumas lendas afirmam que ele era demorado nas decisões (procrastinação). Seria uma prática de cuidado para não tomar decisões equivocadas ou receio tático de não mirar em alvo errado? Seria um estrategista, como dizemos nos dias de hoje? Essas perguntas também não têm respostas, apenas observações pertinentes sobre o currículo de vida de Expedito.

Inicialmente, algumas lendas narram a perseguição de Expedito aos cristãos da plebe imperial. Mas a dúvida é esta: se ele perseguia os cristãos, como admitia que houvesse soldados cristãos em seu pelotão? Por essa, e outras razões, concordamos que as lendas eram apenas descritivas e narravam um lado de sua vida. A essa altura precisamos aprender a discernir para não sermos injustos à sua descrição.

A religião romana configura-se cosmo politeísta; ela possui um número imenso de divindades, as quais surgiram na medida em que Roma conquistava novos povos que habitaram a península do Lácio, entre os quais sabinos, latinos, etruscos, que viviam naquele território, e em outros territórios, como os gregos e frísios, que viviam em outras regiões, fora da península.

O Império Romano foi um tempo demolidor das esperanças. Os cristãos cresciam de forma incontrolável. O martírio e a perseguição não faziam calar a multidão, que se aglutinava nas comunidades perseguidas em todo o Império Romano. Os cristãos brotavam como gotas de água em pleno deserto. A perseguição os fazia unidos na fé, na comunhão e na certeza de Jesus de Nazaré.

Por esses dados podemos ter uma leve ideia do que viria adiante. Um soldado ou cristão comum que se negasse à obediência do Imperador seria sacrificado, nas arenas do Foro Romano ou na flagelação pública, e colocado como escárnio para intimidar os demais. O martírio se fez para provocar medo nos cristãos e fazerem abjurar a fé e o Deus, que criaram para se "converterem" aos deuses do Império.

Os deuses do Império Romano

Segue uma relação das principais divindades da Roma Antiga e suas características. Júpiter: rei de todos os deuses, representante do dia, deus do céu. Apolo: Sol, deus da luz, patrono da verdade e protetor das artes. Vênus: amor e beleza. Marte: guerra. Minerva: sabedoria, conhecimento. Plutão: mortos, mundo subterrâneo. Netuno: mares e oceanos. Juno: rainha dos deuses. Baco: vinho, festas. Febo: luz do Sol, poesia, música, beleza masculina. Diana: caça, castidade, animais selvagens, Lua e luz. Ceres: colheita, agricultura. Cupido: amor. Mercúrio: mensageiro dos deuses, protetor dos comerciantes. Vulcano: metais, metalurgia, fogo. Saturno: tempo. Vesta: deusa do fogo doméstico, protetora das cidades e da família. Psique: alma. Belona: deusa da guerra. Cibele: deusa da natureza, das montanhas, da terra fértil e das cavernas. Concórdia: deusa do entendimento, da harmonia no casamento e do acordo. Os Deuses Romanos são divindades que fazem parte da mitologia romana. Cada entidade divina representava forças da natureza ou sentimentos humanos. Netuno era o de maior importância, considerado a divindade suprema do panteão romano.

O comandante Expedito tinha um constante contato com os cristãos e muitos soldados de sua Legião eram cristãos autênticos. Seria ele, por assim dizer, um protetor de seus comandados? Alguns foram conjuntamente ao martírio.

Expedito tinha o vício da procrastinação, isto é, deixar para depois, adiar. Ele simpatizava com a mensagem de Jesus, admirava os ensinamentos do Mestre de Nazaré e via no Evangelho palavras que ninguém jamais tinha dito antes na história humana. Por isso, pensava em um dia converter-se de verdade. Esse dia, porém, ficava sempre para mais tarde, era sempre adiado.

As lendas fazem, nesse ínterim, uma espécie de salto. Passam a tratá-lo de "pagão", pela demora das decisões; de cristão medíocre, para o desejo de uma sincera conversão. Não se narra, todavia, o processo de passagem desses momentos.

Ele já "era cristão" de modo desleixado. Sua admiração pelo cristianismo fazia proteger os demais soldados armênios que eram cristãos. A Armênia era cristã desde então. Seus soldados eram recrutados dessa área da sociedade política. Isso parecia comum na época, mas de modo velado diante do Imperador. Fazia-se vista grossa nesse aspecto. Assim concluímos ao ler uma série de estudos (lendas).

Expedito vivia uma vida dupla. Por um lado, era ferrenho defensor das leis do Império, à exceção da religiosa, por outro, havia um ardente desejo de conversão em vista de seus comandados, que eram de bom comportamento.

Vivia mergulhado em pensamentos de conversão; incomodava-lhe a vida que levava. Começou a não aceitar a vida dupla; aquilo parecia-lhe sem sentido. Começou a nascer dentro dele o desejo de perfeição, de autenticidade. Sua conversão surgia como um raio de luz no final de seus dias. Os dias pareciam se abreviar a cada instante.

No exército romano, levava uma vida de excessos, até que um dia teve um sonho, um encontro com Deus, que mudou sua vida. Sua fama de "santo das causas justas e urgentes" veio de um episódio em que um espírito do mal lhe apareceu em forma de corvo, dizendo: "*cras, cras*" (em latim: "amanhã, amanhã").

Enganador que é, eis a proposta do maligno: deixe para amanhã. Não tenha pressa! Adie sua conversão! Seria como se dissesse: "O tempo é dono do destino de todo mortal e amanhã você poderá pensar melhor sobre sua decisão de ser cristão. Você não vê todos os benefícios que está recebendo por ser um comandante reconhecido?"

Nada disso lhe tirou a serenidade e a convicção que estava sendo formada em seu interior. O convívio com os condenados à morte e sua experiência como soldado, além das inúmeras reações diante daqueles que não aderiam ao Império, fazia de Expedito um soldado decidido a optar pela fé cristã e contrariar o Imperador Diocleciano. Sabia, todavia, que isso lhe custaria a vida.

E sem titubear, Expedito pisoteou o corvo, esmagando-o e gritando: HODIE! Que quer dizer: "HOJE!" Nada de adiamento! É para já! Agora! E é disso que vem a associação a soluções imediatas ou urgentes das causas. Também é conhecido como o santo dos negócios que precisam de solução rápida e protetor dos estudantes que precisam de notas e de aprovação nos vestibulares.

Expedito era um líder nato. Todos os seus soldados confiavam em sua qualificação de homem resoluto, ético e honesto. Sua conversão declarada ao cristianismo causou a ira de Diocleciano contra ele. Com a conversão de Expedito e de sua tropa, o Imperador Diocleciano começou a persegui-los.

A importância de seu posto fazia de Expedito uma influência muito forte a favor do cristianismo dentro do Império Romano. Por isso, ele se tornou alvo especial do Imperador. Assim procedia a tática do Império: roer a corda daqueles que ocupavam postos-chaves e dar lição aos demais, intimidando seus súditos.

Sem delongas e sem ter como negociar a fé, Expedito sofreu o martírio durante a era de Diocleciano (esse subiu ao trono em 284), imperador de Roma. Sob a influência de Galero, seu genro, pagão convicto, determinou a perseguição dos cristãos, ordenando a destruição de igrejas e livros sagrados, a cessação das assembleias cristãs e a abjuração de todos os cristãos.

Galero, sempre instigado por sua mãe, também pagã, queria abolir para sempre o cristianismo e, por meio de insinuações maldosas e hábeis calúnias, fez crer a Diocleciano que o cristianismo conspirava, de várias formas, contra a augusta pessoa do imperador. Diocleciano, então, empreendeu a exterminação sistemática dos cristãos, envolvendo, inclusive, os membros de sua própria família e os servidores de seu palácio.

Foi uma hecatombe sangrenta: oficiais, magistrados, o bispo da Nicomédia (Antino), padres, diáconos, simples fiéis foram assassinados ou afogados em massa. Somente em 324, com a retomada da autoridade do imperador cristão Constantino, tiveram fim as terríveis perseguições que, durante três séculos, tinham ensanguentado a Igreja.

Expedito, na verdade, era o apelido que exprimia a presteza e a prontidão com que agia tanto no cumprimento de seu dever quanto na defesa da religião. Como muitos cristãos que se destacava, Expedito, caíra na ira do imperador Diocleciano.

Santo Expedito foi preso pela ordem de Diocleciano e forçado a renunciar a sua nova fé. Porém, ele não renunciou. Seus castigos começaram pela flagelação romana: 39 chicotadas com o "flagrus", chicote que dilacera a pele e causa hemorragia. Expedito tinha aplicado esse mesmo castigo a bandidos e indisciplinados.

Agora, ele os recebia por causa de Jesus Cristo. E ele permaneceu firme e julgando-se indigno de sofrer o mesmo castigo que Jesus sofrera aplicado por soldados romanos, como estava acontecendo com ele. Por fim, não renunciando a sua fé, Santo Expedito foi decapitado com espada, por ordem do Imperador Diocleciano, no dia 19 de abril de 303, em Melitene, na Armênia.

A Armênia é uma região da Ásia Ocidental, situada ao Sul do Cálcaso, entre o Mar Negro e o Mar Cáspio, nas margens dos rios Tigre e Eufrates. Em 301, a Armênia foi o primeiro estado a adotar, formalmente, o cristianismo como religião oficial de estado, doze anos antes de Roma. Havia várias comunidades pagãs antes do cristianismo, mas elas foram convertidas por influências de missionários cristãos.

Essa região foi sempre considerada uma terra de predileção. Aliás, pelo testemunho da Sagrada Escritura, foi sobre as montanhas armênias do Ararat que a Arca de Noé pousou quando as águas do dilúvio baixaram (Gn 8,5).

A Armênia foi uma das primeiras regiões a receber a pregação dos apóstolos Judas Tadeu, Simão e Bartolomeu, mas também local de inúmeras perseguições aos cristãos. Essa região foi regada com o sangue de muitos mártires, entre eles Santo Expedito. Sua cidade natal (com toda a probabilidade) não passa, hoje, de uma pequena localidade chamada Melatia, cidade construída no século II pelo imperador romano Trajano.

O historiador inglês Alban Butler, em sua historiografia de alguns santos mártires do final do século XVI: "O nome *Expeditus* (Expedito) pode ser uma corruptela de *Elpidius*, conforme sugerem os beneditinos de Paris". Outra hipótese é de que o nome tenha derivado de *spedito*, palavra inscrita em uma caixa com relíquias de um santo desconhecido, retiradas das catacumbas de Roma e enviadas a Paris no século XVII.

Contudo, *spedito* em italiano significa "enviado" ou "rápido", e pode significar, simplesmente, que a caixa havia sido marcada como despachada ou que devia ser enviada com presteza para seu destino. "As freiras interpretaram a inscrição como se fosse o nome do santo e passaram a divulgar sua devoção, latinizando o nome para *Expeditus*."[3]

O ardor bastante conhecido do generoso soldado Expedito e sua situação de chefe da Legião chamou a atenção de Diocleciano, quando as perseguições come-

---

[3] Butler, Alban, *Vidas de los Santos*, Editorial Lbsa, España, 190 p. Las Vidas de los Santos Padres, Mártires y otros Santos principales del reverendo Alban Butler se publicó en 1750. Esta nueva edición recoge las 235 entradas abreviadas de Butler y además una introducción sobre la vida de su autor y un índice de 500 nombres de Santos con su onomástica. Al relato de las vidas virtuosas y ejemplares se unen 90 ilustraciones que emulan a las de la edición del siglo XIX y 45 pinturas medievales de la British Library.

çaram em Metilene. Entre muitos que já haviam pagado com a vida estavam: Maurício, outro chefe de legião; Marcelo, centurião romano; e Sebastião, tribuno da guarda pretoriana, hoje conhecido como São Sebastião.

Sendo assim, Expedito e seus companheiros de armas, cheios de admiração pelo capitão Sebastião, deveriam ter prometido imitar sua conduta, devendo crer, inclusive, que teriam de sofrer a mesma sorte, quando das perseguições cristãs, preferindo a morte a ter de renunciar a sua fé.

Ele se tornou um santo popular e, por muitos, foi invocado como o santo das causas urgentes. Muitos precisam parar de enrolar e começar a dar um novo sentido a sua vida. Alguns necessitam de direção, de orientação, de confissão, de reformulação de princípios etc. Santo Expedito nos inspira a essa atitude determinada, inclusive, por ter sido um soldado valente, mas repleto de procrastinação naquelas coisas que se diziam respeito à fé, à religião.

Seu nome indica uma atitude sobre um homem pronto para a ação. Imediato. De pronto. É com essa postura, cheia de entusiasmo, de imediato, e generosidade, que os fiéis viram o defensor e patrono das "causas urgentes". Assim se firmou a devoção.

Talvez, pudéssemos imaginar que esse soldado tivesse outro nome, como era de costume. Sua conversão e entrada ao cristianismo poderiam ter-lhe imposto outro nome que não o anterior. Mesmo uma questão de batismo que seria razoável e normal para aqueles que nasciam das águas já adultos.

Entre os armênios poderia ter-se chamado de Ari, caso não se admita ser Expedito um nome próprio. É uma abreviação do hebraico Aryeh, que quer dizer literalmente "leão". Foi o nome dado pelos antigos hebreus à cidade de Jerusalém, que para eles, personificava a força de Deus, que também deu origem à expressão "leão de Judá", atribuída a Jesus. Pode também derivar do nórdico antigo que significa "águia", ou ainda do armênio, que quer dizer "corajoso". Hipóteses?

Estamos propondo hipóteses e não certezas. Tudo isso não tira a dinâmica do nome dele que é mais correto e virtualmente aceitável, embora traga uma gama enorme de origem romana. O nome evoca esperança e condições de vida. Expedito é mais ilustrativo para seu tempo e diz mais para nossa fé. O que fica, de verdade, é sua história repleta de simbologia, como veremos mais adiante.

Em todo caso, a palavra Expedito é bastante forte e, simbolicamente, cheia de inspiração. Na vida, devemos aprender: resignação, paciência, mas chega o momento da decisão sem volta. A indecisão pode levar a pessoa a nunca tomar atitudes proativas. É certo que muitos ficam e caminham indecisos pela vida. O sonho imaginativo de Expedito o fez determinado e decidido pelo "hoje". Por hoje, basta, dizia Santa Teresa.

Quanto à possibilidade verossímil e histórica de seu nome pouco importa. A única conclusão é que Santo Expedito, chefe da XII Legião, era seguramente uma alma de fé muito grande, pois preferiu perder sua situação e até sua vida, em vez de renunciar a sua religião (*Portal São Francisco*).

Outro questionamento que surge é sobre seu sepultamento. Não se sabe o que foi feito do corpo do heroico mártir. Piedosas mãos devem tê-lo sepultado em local hoje desconhecido. Mas, podemos ter a certeza que ele fora sepultado em uma das catacumbas, como era o costume de se sepultar os mártires cristãos na época.

As catacumbas são antigos cemitérios cristãos onde guardavam os cadáveres daqueles que testemunharam com a vida sua fé em Jesus Cristo. As liturgias ali celebradas, as atas lidas nos dias de seus aniversários, tudo para lembrar a historicidade dos cristãos que não sucumbiram ao deus do Imperador. Na maioria das vezes, as lápides continham seus nomes registrados ou algum símbolo de identificação.

A lembrança de Santo Expedito, ao contrário, ficou guardada na memória dos cristãos e os primeiros escritores eclesiásticos puderam escrever seu nome entre os que tinham derramado seu sangue pela fé.

Podemos tergiversar a respeito de um possível sepultamento em uma catacumba. A pergunta que fica seria esta: na Armênia existiam catacumbas? Certamente, encontrei algumas referências a esse respeito, mas pode-se imaginar que existira, sim, em Paris, Jerusalém e outros lugares de martirização de cristão, que chegasse até aquele recanto!

Um mártir não ficava no esquecimento da comunidade cristã. Inclusive, pela vexatória execração que sofria o condenado ao martírio. Todo o processo martirial era de ordem pública para infringir medo aos cristãos. O Imperador e seus asseclas eram sanguinários e faziam questão de expor a vítima à vergonha notória. Eles não tinham o mínimo de pudor e decência com aqueles que não coadunavam com sua doutrina.

Sabemos, todavia, pelas Atas dos mártires, da situação física em que eram deixadas suas vítimas. Algumas eram vigiadas por cães raivosos e a maioria era deixada ao léu, sem o direito de sepultamento dos cristãos; outras eram devoradas pelos corvos e animais carnívoros. Todavia, no final, todas eram sepultadas, inclusive, os restos mortais que eram sobra dos animais famintos que se lançavam às vítimas (no caso do Foro Romano).

Outra vertente atina ao fato de que o martírio de Expedito se fez de forma a levar outros soldados ao mesmo suplício em data e dias conjuntos. Alguns textos afirmam que o martírio se deu de forma coletiva, diferentemente da maioria, que foi martirizada em dias isolados, determinados e solitários.

Certamente, não destoa de uma verdade pela qual passavam os martirizados daquela época. Fizemos nossa parte, descobrindo algumas vertentes que dessem guarida à história de Santo Expedito.

Enfim, ficam aí algumas inspirações de ordem sociológica sobre seu martírio. O leitor deverá anotar que são conclusões dedutivas do fato sobre sua história e que pertencem à ordem da razão; o autor debruçou-se sobre vários textos disponíveis a essa possibilidade de encontrar a "verdade" a respeito do local de seu sepultamento e outras circunstâncias que dessem mais aderência ao fato.

2. O CULTO A SANTO EXPEDITO NO BRASIL

O culto a Santo Expedito, a partir do século VIII, estabeleceu-se em sua pátria, transpondo o Oriente e passou para a Alemanha meridional. De lá, espalhou-se pela Itália, sobretudo a partir do século XVII, na Sicília, na Espanha, e difundiu-se pela França e Bélgica. Sua imagem sempre foi peculiar. Com traje legionário, vestindo uma túnica curta e um manto jogado atrás dos ombros, com postura militar. Em uma mão segura uma palma e, na outra, uma cruz.

Sua imagem é elegante e contagiante. Um soldado romano com uma cruz à mão e uma expressão de assertividade. Expedito traz o alento protetor para seus devotos. A devoção é uma resposta à pergunta: Quem é Santo Expedito? Talvez possamos nunca descobri-lo, mas com a certeza de que ele representa a imensidade de nossos desejos e sonhos de realização humana.[4]

---

[4] Sarraff, Hyago de Lion, defendeu uma tese a respeito de *Santo Expedito entre a Fé e o Afeto*. O autor é bacharel e licenciado em ciências sociais pela Universidade Federal do Paraná (2014). www.humanas.ufpr.br/portal/cienciassociais/files/2014/03/Monografia-Hyago-Sarraff1.pdf "Pela figura de Santo Expedito, demonstra-se como seus devotos leem sua experiência do sagrado e sua própria história do santo a partir da relação que possuem com este, pautados em sentimentos como fé, amizade, gratidão, confiança e amor. O devoto partilha de uma relação em que a sua biografia e o mundo, muitas vezes, são lidos pela ótica da devoção" (do *resumo* da tese, página 6). Descobri o texto de Hyago ao final de meu livro quando fazia a revisão procurando alguns elementos mais formais.

Não temos uma história documentada sobre seu culto no Brasil. Não podemos afirmar quando e quem teve o privilégio de trazê-lo para cá e fazer acontecer seu culto. Com certeza, a graça divina não demorou a encontrar alguém que se dispusesse a esse milagre devocional.

Uma razoável certeza é que no século XVIII, mais precisamente em 1781, Santo Expedito foi proclamado padroeiro de Acireale, na região da Cecília, na Itália. Seguramente, que um ceciliano trouxe sua devoção com a vinda dos imigrantes italianos para o Brasil.

A enorme massa de imigrantes italianos que chegaram ao Brasil, entre 1870 e 1960, concentrou-se na região leste e sul do país. Podemos nos certificar que duas cidades apenas (situadas nos estados de São Paulo e Rio Grande do Sul) levam seu nome, e a maioria de paróquias e capelas de Santo Expedito concentram-se nessas regiões. Esse é um dado razoável para o entendimento de seu culto, aqui no Brasil.

Outra questão que fica em suspense é a pergunta se, no exterior, ele é ou era cultuado como o santo das causas urgentes! De minha parte, acredito que não. Haveria razão? Sim. Aqui, no Brasil, sua devoção tomou vulto no final do século XX. O final do segundo milênio trouxe inúmeros questionamentos a respeito da devoção e das questões sociais ligadas a um tipo de "fé carismática", em que se somavam os questionamentos de ordem miraculosos. O movimento pentecostal-carismático influenciou, sobejamente, esse interesse pelas curas.

Para falar a verdade, os admiradores do movimento carismático católico não estão interessados na devoção a Santo Expedito. Eles têm outros santos de devoção. Há uma mistura muito grande no devocional carismático, inclusive, pelo fato de poucos se interessarem pela devoção aos santos, pois, o centro de referência cristã é o Espírito Santo e não o santo, propriamente.

O movimento da Renovação prima mais por aqueles santos com tendência pietista, como é o caso de Padre Pio, pelas revelações de alguns títulos de Nossa Senhora e algumas místicas, como é o caso de Santa Faustina.

Aliada a outros santos, por exemplo, São Judas (década de 1940), sua devoção ganha corpo com algumas propagandas fantasiosas, como a divulgação de alguns materiais, livrinhos, devocionais, santinhos, imagens, medalhas etc. que fizeram a parte do marketing devocional. A identificação de Santo Expedito como "guerreiro", soldado, "identifica nele uma figura para orientá-los contra o sofrimento do dia a dia, por isso, tornam-se devotos" (Hyago Sarraff).

Sabemos que, no Brasil, sua veneração ganhou corpo nos anos 1980 e, hoje, Santo Expedito tem multidões de devotos; sua imagem circula em chaveiros, cartazes, panfletos e santinhos distribuídos aos milhares. Deu seu nome ao município de Santo Expedito, em São Paulo, e Santo Expedito do Sul, no Rio Grande do Sul.

No Brasil, sobretudo, Santo Expedito é invocado nos negócios e nas dificuldades administrativas da vida. Conhecido como "o santo das causas urgentes". Além disso, ele também se tornou protetor dos militares, jovens, advogados, estudantes e viajantes.

A devoção a Santo Expedito ficou restrita por mais de 60 anos aos frequentadores de uma pequena capela (1943-1958), construída nos arredores do quartel da Polícia Militar de São Paulo. Mas há mais de três décadas ganhou dimensão. No ano de 2015, a festa de Santo Expedito reuniu mais de 100 mil pessoas, só em São Paulo. Podemos, com isso, dimensionar a devoção do povo ao redor dessa lendária figura.

> Meu Santo Expedito, o senhor sempre está
> ao meu lado quando eu mais preciso
> e sei que agora é um momento de grande dificuldade.
> Tenho confiança no senhor
> e sabe que vai resolver este momento
> difícil da minha vida.

3. A IMAGEM DUVIDOSA DE SANTO EXPEDITO

Em resumo, sua história está repleta de lendas. A lenda mais conhecida diz respeito a sua conversão ao cristianismo. Nela, Expedito é tentado pelo demônio, em forma de corvo, a adiar sua conversão e ele pisa na criatura, significando sua disposição heroica de converter-se de imediato.[5]

Na vida, em geral, temos a tendência de protelar e deixar para amanhã aquilo que poderíamos fazer hoje. Na dinâmica da fé não podemos adotar essa postura de forma alguma. Por isso, muitos cristãos perdem o fôlego da fé e a esperança em dias melhores.

A psicologia tem se preocupado com essa questão. Estudos se fazem nessa área. Segundo Bill Knaus, há a procrastinação por criação de problema, a comportamental e a retardatária. "A primeira acontece quando a pessoa toma a decisão de adiar, porque acha que terá mais tempo para resolver o problema mais tarde", diz Rachel Kerbauy, psicóloga pela USP.

---

[5] Cf. Megale, Nilza Botelho. *O Livro de Ouro dos Santos*. Ediouro, 2003, p. 102-104.

Knaus diz que os indivíduos que têm a procrastinação comportamental são aqueles que gostam mais de planejar do que de fazer. Kerbauy explica que os procrastinadores desse tipo são pessoas que não sabem quais são suas prioridades e, dessa forma, adiam as ações para não terem de lidar com o problema.

Esse comportamento de Expedito não era salutar para ele. Muitos, hoje, comportam-se como Expedito. Especialmente, no mundo jovem. Vejam os exemplos a seguir: prova para estudar, relatório para terminar, dever de casa para entregar, imposto de renda para enviar... O coração palpita, falta pouco tempo para acabar o prazo. Mas ninguém é de ferro, não é? Então, antes da obrigação, arruma-se tempo para olhar o Facebook, escrever algo engraçado no Twitter, conferir as curtidas na foto do Instagram, checar se a compra do site chinês ainda está em Curitiba... E, depois, para se preparar bem para o trabalho pela frente, que tal ir ao banheiro? E tomar um copo d'água? Ou, quem sabe, não é melhor uma xícara de café, que ajuda a concentrar-se?

Expedito era um soldado completo. Tinha todas as qualidades de um comandante da guarda imperial. A confiança do Imperador lhe era salutar e verdadeira a fidelidade de seus soldados. Mas Expedito tinha um "vício" que lhe era comum. De fato, não era um convertido a todo o vapor. Tinha o hábito da procrastinação. Isto é, de deixar as coisas passarem para que depois se resolvessem. Isso explica sua trama com o diabo, desejando que ele adiasse sua conversão.

Deve-se notar, também, que as lendas narram que ele era procrastinador no âmbito religioso, pois no aspecto profissional-militar era determinado e sabedor de suas obrigações. Inclusive era tido como um soldado a todo desempenho.

Esse aspecto não deixa de ser interessante para seus devotos. As pessoas que têm a tendência à procrastinação, em geral, admitem ou atribuem que o "inimigo" não as deixa se realizarem; sempre transferem seu problema de conversão ao demônio. Sabemos que o demônio não tem todo esse poder sobre as pessoas e que, na maioria das vezes, somos nós que vamos adiando a conversão, deixando-a para mais tarde.

Todos sentem o toque de Deus no momento certo. Depois de alguns anos procrastinando, Expedito foi tocado pela graça de Deus. Certa noite, teve um sonho que mudou sua vida. No sonho, um corvo, representando o espírito do mal, grasnava diante dele a palavra "cras", do latim, que significa amanhã, deixe sua conversão para amanhã.

O corvo grasnava forte e parecia poderoso. Porém, de repente, Expedito decidiu e pisoteou o corvo dizendo: "Hodie", que significa, hoje, em latim. O comandante Expedito acordou do sonho decidido e confirmou sua conversão. Por isso, ele é considerado o santo das causas urgentes. Convertido, ele continuou por um tempo ainda chefe da sua Legião, conseguindo converter seus soldados também ao cristianismo.

As lendas não registram se ele recebera o batismo por essa altura; se já era batizado ou, apenas, converteu-se como era comum, naquele tempo, receber o batismo do martírio pela fé em Jesus Cristo. O nome que se dava era "batismo de sangue" para aqueles que se adiantavam na opção pela fé cristã, sem passar pelo batismo, enquanto sacramento, nascido das águas.

Essa mudança de comportamento do soldado Expedito não agradou ao Imperador Diocleciano, que se pôs a persegui-lo com a intenção de abjurar sua fé cristã e aderir aos deuses dos pagãos romanos. Expedito foi forçado a renunciar a sua fé cristã, mas resistiu às tentações e propostas de Diocleciano.

Seus castigos começaram pela flagelação romana: 39 chicotadas com o "flagrus", chicote que dilacera a pele e causa hemorragia. Ele o já tinha aplicado a bandidos e rebeldes. Sabia muito bem do estrago e das dores, mas resistiu às chicotadas e permaneceu firme e julgando-se indigno de sofrer o mesmo castigo que Jesus sofrera, aplicado por soldados romanos, como estava acontecendo com ele.

Por fim, não renunciando a sua fé, Santo Expedito foi decapitado com espada, por ordem do Imperador Diocleciano, no dia 19 de abril de 303, em Melitene, na Armênia.

4. OS SÍMBOLOS PRESENTES EM SUA IMAGEM-REPRESENTAÇÃO

A imagem de Santo Expedito carrega alguns símbolos que são importantes para o devoto. Ele tem uma bela imagem-figura iconográfica. Certamente, esse é um detalhe importante – formato de galã – em sua configuração de santo devocional. Hoje, chamaríamos isso de fotográfico. Sua imagem carrega uma virilidade de um jovem entre os 20 e 28 anos de idade. Vamos descrevê-la, mais adiante, com alguns detalhes significativos.

Em várias igrejas do mundo apresentam-se estátuas imaginando Santo Expedito, com traje legionário, saiote, sandálias romanas, vestindo uma túnica vermelha curta, um capacete ao lado de seu pé, uma armadura de guerreiro, olhos arredondados e negros e um manto jogado, militarmente, atrás das espáduas, tendo postura marcial. Essa era a roupa-vestimenta normal de um soldado romano.

Em uma mão ele segura uma palma e, na outra, uma cruz. Esses são símbolos completos da vida cristã. A palma significa a vitória, como nos lembra o Apocalipse (7,9-10): "Depois destas coisas, vi, e eis grande multidão que ninguém podia enumerar, de todas as nações, tribos, povos e línguas, em pé diante do trono e diante do Cordeiro, vestidos de vestiduras brancas, com palmas nas mãos; e clamavam em grande voz, dizendo: ao nosso Deus, que se assenta no trono, e ao Cordeiro, pertence a salvação".

A palma representa a conquista sobre as dificuldades e tentações que Santo Expedito tivera no percurso de decisão pelo testemunho cristão de vida; alude ao triunfo diante das dificuldades. O devoto se encanta e afeiçoa-se com sua figura trigueira, carregada de vitalidade e determinação. É um santo que dá gosto de ser devoto! As pessoas, em todas as idades, identificam-se, de imediato, com ele.

O retratista de sua imagem-figura soube diferenciar sua "vocação" de mártir com a qualidade de soldado do pelotão romano. Sua imagem diz muito na leitura visual que fazemos ao observar seus detalhes. Ele não tem uma figura depreciativa, ao contrário, bastante otimista e elegante. A vocação é inerente à pessoa. Esse detalhe cria uma áurea de santidade no candidato – o santo – e no devoto.

Ele tem em sua mão a cruz, com a inscrição, "Hodie" (hoje), enquanto pisa no corvo que está grasnando, "Cras" (amanhã), a fim de lembrar-nos que não devemos duvidar, nem por um momento, da infinita misericórdia de Deus; que não devemos deixar para amanhã nossa tarefa a cumprir, a devoção e a oração com fé e que também devemos invocá-lo sempre como nosso advogado, junto ao Senhor Jesus e ao lado de Nossa Senhora.

O capacete abandonado aos pés de Santo Expedito significa a renúncia do posto de chefe dos militares para se tornar soldado de Cristo e dar testemunho de vida cristã. Antes, podia morrer em defesa do Império, mas, convertido, o capacete não mais faz sentido para ele. Vai usar, doravante, outro capacete. O capacete da fé, da esperança, do testemunho e da caridade. Será, doravante, revestido da força do alto. Jesus de Nazaré será sua fortaleza, seu escudo e sua defesa.

A perseverança foi o lema de Santo Expedito. Não duvidou. Não esmoreceu diante da perseguição. Não fugiu a sua responsabilidade. Foi atrevido em sua fé. Aqui, a felicidade, as honras são efêmeras e passageiras. Ele sabia que o aguardava, nesta vida e no futuro, o céu, para quem faz por merecê-lo.

Os momentos que Deus nos oferece são raros, por isso, devem ser muito bem aproveitados. O cristão usufrui de todos os benefícios divinos devotados a ele, a quem se compromete ouvir sua Palavra e colocá-la em prática.

Não sabemos, ao certo, se Expedito era um ouvinte da Palavra, mas temos certeza, histórica, que era um admirador dos corajosos mártires que tombavam em defesa da fé. Expedito era um daqueles que transformava a Palavra em atitude de vida.

Disse Jesus um dia: "Mas quem ouve estas minhas palavras e não as pratica é como um insensato que construiu sua casa sobre a areia. Caiu a chuva, transbordaram os rios, sopraram os ventos e deram contra aquela casa, e ela caiu. E foi grande sua queda" (Mt 7,26-27).

Recorrer a Santo Expedito é dizer para si mesmo: "Eu vencerei os obstáculos que estou passando; na força do Espírito Santo serei forte e destemido. Vou perseverar e confiar no santo de minha guarda. Vou superar os momentos de procrastinação pelos quais passo.

Irei tomar uma atitude adulta na fé e me insurgir contra os demônios que me ferem e tentam retirar minha paz".

Ele traz em sua mão direita a palma do martírio. Esse é o único troféu do cristão. O martírio concretiza a mais pura e genuína opção de vida cristã. Santo Expedito viveu isso em plenitude. Poderia ter renunciado ao Cristo para fazer a vontade do Imperador, mas não; viveu sua fé até a morte.

5. COMO ENTENDEMOS O SANTO GUERRREIRO

Não temos uma história segura sobre Santo Expedito. Ela está circunscrita em lendas e histórias, por vezes, desconexas. A lenda mais recorrente sobre sua vida mostra-o como um militar romano, comandante-chefe da XII Legião, conhecida como Fulminata, aquartelada em Melitene, e encarregada de proteger o Império das invasões dos bárbaros orientais, com um efetivo de mais de 6.800 soldados.

Sendo cristão, como era a maioria de seus subordinados, todos nativos da Armênia, teria sido condenado durante as perseguições de Diocleciano no dia 19 de abril do ano 303, sendo martirizado e, por fim, decapitado com a espada, por recusar-se a adorar os deuses pagãos.

O jovem guerreiro destacava-se entre os soldados do Império. É interessante o culto aos santos quando eles são jovens valentes, que tombam pela profissão de fé. Um detalhe que, em geral, fica ao recanto é a questão dos jovens mártires (homens e mulheres). A grande parte dos mártires cultuados eram jovens que se determinaram em favor da fé.

Esse é um detalhe que nós católicos precisamos descobrir em nosso devocional cristão. Os mártires, em geral, são mais jovens que os santos mais comuns que se destacaram pelas práticas virtuosas de vida. Fundamentalmente, necessitamos de catequese para explicitar essas diferenças na prática devocional.

Outro detalhe é provocado pelas manifestações das televisões católicas que acabam divulgando apenas aqueles santos de sua devoção ou que tenham mais interesse (comercial) na vida do povo. Esse é um caminho difícil na formação catequética e missionária da Igreja.

A figura jovem desse soldado do Império transforma-se em soldado de Cristo. A mudança foi radical. Era um bom soldado e serviu enquanto pôde a Diocleciano; enquanto obediente às ordens do Imperador era útil ao serviço do Império. Certamente, o ciúme do Imperador o fez professar uma fé independente dos trabalhos do exército. Diocleciano parecia que não o apreciava como comandante eficiente, mas desejava colocá-lo à prova, em adoração aos deuses romanos.

Essa é a lenda mais ouvida e aceita por todos aqueles que se interessam por descrever um pouco de sua história ou de acrescentar alguns pontos importantes sobre sua figura enigmática. A lenda não é sinônimo de mentira, apenas retrata uma história impossível de ser reescrita devido ao tempo. Dela tiramos proveito para reflexão.

Como dissemos, Santo Expedito foi um comandante de uma Legião Romana, formada pela maioria de soldados cristãos, que tinham como principal incumbência defender as fronteiras orientais contra os bárbaros asiáticos.

> Apenas informando: a decadência do Império Romano do Ocidente foi acelerada pela invasão de povos bárbaros. Bárbaros era a denominação que os romanos davam àqueles que viviam fora das fronteiras do Império e não falavam o latim. Dentre os grupos bárbaros, destacamos os Germanos (de origem indo-europeia), que habitavam a Europa Ocidental. As principais nações germânicas eram os vigiados, ostrogodos, vândalos, bretões, saxões, francos etc. Eslavos: provenientes da Europa Oriental e da Ásia, compreendiam os russos, tchecos, poloneses, sérvios, entre outros. Tártaro-mongóis: eram de origem asiática. Faziam parte desse grupo as tribos dos hunos, turcos, búlgaros etc. Entre os povos bárbaros, os germanos foram os mais significativos para a formação da Europa Feudal.

Ele se destacou no comando dessa Legião por suas virtudes cristãs e a de chefe ligado à sua religião, mas também a seu dever à ordem e à disciplina militar, impostas pelos romanos. Foi morto em 19 de abril de 303, por decapitação – por ter-se negado adorar o deus pagão –, por meio da ordem do Imperador, que o odiava, não antes de ter sido flagelado.

Como escreveu São João Crisóstomo a respeito do martírio de São Paulo, o apóstolo[6]:

---
[6] "Por amor de Cristo, Paulo tudo suportou" (São João Crisóstomo, † 403).

Só se alegrava no amor de Cristo, que era para ele o maior de todos os bens; com isso julgava-se o mais feliz dos homens; sem isto, de nada lhe valia ser amigo dos senhores e poderosos. Com este amor preferia ser o último de todos, isto é, ser contado entre os réprobos, do que encontrar-se no meio de homens famosos pela consideração e pela honra, mas privados do amor de Cristo.[7]

A Igreja, por meio da devoção a Santo Expedito, guarda esse relicário da fé: obedecer a Deus acima de tudo e colocar nele sua confiança. Muitos séculos mais tarde, Santa Teresa de Ávila, dizia: "Nada te perturbe, nada te amedronte; tudo passa, a paciência tudo alcança... Para quem tem Deus, nada falta; só Deus basta".

Sempre é bom recorrer a Santo Expedito nesses momentos de desencontros e atropelos da vida. É bom certificar-se que exista um braço de fé a nos acolher e socorrer. É bom saber que Deus envia seus santos homens e anjos para nos protegerem de todos os males. É bom ter a certeza de que os santos de Deus intercedem por seus filhos...

Os santos são como espelhos para nossas histórias. Eles conseguiram sair de seu ostracismo, venceram as dificuldades e deram o melhor de si; o testemunho verdadeiro por uma fé de qualidade. Hoje, padecemos desse mal. Há uma fé de poucos miados a cercar nossas carências imediatas. Nada de grande se tem feito para autenticar a esperança que alimenta a chama de nossa fé.

---

[7] Homilia 2. *Louvor a São Paulo*; p. 50, 447-480.

Vamos fazer deste devocionário nosso livro de oração, de fé e de espiritualidade expeditina. Aqui, estarão registradas todas as devoções, orações, jaculatórias, terços e demais devocionais ligados a Santo Expedito; um conjunto de devocionais para suprirem nossas carências. Encontramos diversas fontes, mas todas de forma dispersa.

O devocionário contempla a espiritualidade expeditina de forma a refletir a vida de Santo Expedito em nosso dia a dia que, por vezes, está repleto de apelos à conversão e às dificuldades do cotidiano.

Vamos, como devotos de Santo Expedito, divulgar esta obra, dá-la de presente, usá-la como devocional e colaborar com aqueles que se iniciam nessa devoção.

Santo Expedito, rogai por nós!

6. OITO RAZÕES PARA SE CRER EM DEUS E EM SANTO EXPEDITO

São Pedro nos adverte: "Antes, santificai em vosso coração a Cristo como Senhor, e estais sempre preparados para responder a todo aquele que vos pedir a razão da esperança que há em vós" (1Pd 3,15).

Acreditar, certamente, é uma opção, eu posso definir em que e em quem acreditar, mas há alguns fundamentos que se tornam incontestáveis, mesmo observando com olhos racionais e humanos.

Por todas as gerações da humanidade, o homem descreve a existência de um poder divino. Cada descrição diverge da outra ao expressar esse poder. Alguns o descrevem em forma de vários deuses, outros em um só, alguns em imagens, outros em pensamento. Mas está na natureza humana a crença nessa força maior (Bethe P. Bonilha).

É certo que não podemos acreditar em qualquer coisa como sendo certa ou duvidar de tudo. Afinal, também não podemos procrastinar a vida inteira. Chega o momento da maturidade espiritual. No mundo maluco aparecem diversas coisas certas que fazem muitas pessoas acreditarem que são verdadeiras.

Hoje, por meio das mídias, é divulgada uma série de novenas, correntes de orações, sortilégios, que deixam as pessoas atônitas. Algumas acabam desistindo de recusar e optam por dar sentido a essas "correntes de orações". Essas "orações", em geral, são repletas de superstições descabidas. A maioria das pessoas não tem senso crítico e acaba se rendendo às demandas otimistas dessas superstições.

As superstições podem, muitas vezes, atrapalhar a vida das pessoas. Podemos citar, como exemplo, o caso de uma pessoa que deixa de fazer determinadas coisas em um dia de sexta-feira 13. Não há nenhuma explicação científica que preveja que esse dia atrai azar, porém muitos indivíduos acreditam nisso como se fosse uma verdade. Isso é uma superstição que acaba atrapalhando a vida da pessoa.

Apenas para orientar o leitor. Exemplo das superstições mais populares no Brasil:

– Cruzar na rua com um gato preto dá azar.
– Quebrar um espelho provoca sete anos de azar na vida de quem quebrou.
– Passar por debaixo de uma escada dá azar.
– Achar um trevo de quatro folhas traz sorte.
– Pé de coelho traz sorte.
– Se sua orelha está quente ou vermelha, alguém está falando de você.
– Deixar um sapato ou chinelo virado para baixo pode provocar a morte da mãe.
– Abrir guarda-chuva dentro de casa pode atrair morte.
– Plantas poderosas, como arruda e espada de São Jorge, afastam mau olhado.

– Toda sexta-feira 13 é um dia perigoso e podem ocorrer fatos ruins para as pessoas.

– Jogar moedas em uma fonte de água pode realizar um desejo da pessoa que a jogou.

– Consultar o horóscopo antes de sair de casa para ver o que os astros estão prevendo.

– Bater três vezes em uma madeira pode evitar eventos ruins.

E, assim por diante, as pessoas vão confiando nessas superstições. O cristão não acredita em sorte; acredita na graça de Deus!

Como é bom ter razões para se crer em Deus e em seus santos. De certa forma, somos privilegiados por Deus, pois Ele deu a sua Igreja santos e santas valentes no combate ao mal e na prática das virtudes cristãs. Por isso, eu posso cultuar Santo Expedito sem ter medo de estar cometendo idolatria (como afirmam alguns por aí).

Nossos santos são como luzeiros neste mundo cheio de escuridão. Em cada recanto do mundo cristão, surgem milhares deles a iluminarem a vida e despertarem a consciência. Jesus disse: "Vós sois a luz do mundo". Por essa indicação alguns se apropriam e fazem-se testemunhas daquele que é a principal Luz!

Nossas ideias estarão pautadas sobre a oração dos peregrinos que caminham para Jerusalém. Nosso comentário é retirado do Salmo 121(120),1-8. Quem desejar poderá lê-lo, antecipadamente, e por inteiro. É uma oração coletiva, cheia de súplica e de esperança na intervenção de Deus.

Tema: *Deus, o nosso protetor.* Canção de peregrinos.

1. Olho para os montes e pergunto: "De onde virá meu socorro?"
2. Meu socorro vem do Senhor Deus, que fez o céu e a terra.
3. Ele, seu protetor, está sempre alerta e não deixará que você caia.
4. O protetor do povo de Israel nunca dorme, nem cochila.
5. O Senhor guardará você; ele está sempre ao seu lado para protegê-lo.
6. O sol não lhe fará mal de dia, nem a lua, de noite.
7. O Senhor guardará você de todo perigo; ele protegerá sua vida.
8. Ele o guardará, quando você for e quando voltar, agora e sempre.

Vamos às *oito razões* para se crer em Deus e na proteção de Santo Expedito. As razões poderão ser na ordem da fé ou de religiosidade, apenas. Apelamos que seja na ordem da teologia e da espiritualidade embasada nas Escrituras. As razões poderão ser um modo do devoto entrar em comunhão com Deus na intercessão de Santo Expedito. Segue uma proposta.

Primeira razão – Meu socorro está em Deus. O salmista, que certamente passava por alguma situação difícil, busca o socorro em Deus. "Elevo os olhos para os montes: de onde me virá o socorro?" (Sl 121,1). Os "montes", citados nesse texto, era o local onde ficava o templo que, naquela época, representava àquele povo a presença viva de Deus no meio deles.

O salmista buscava encontrar a presença de Deus, pois sabia que seu socorro estava nele. O monte dimensiona o lugar onde Deus habita, segundo as Escrituras. Em uma linguagem adaptada a nossa realidade eclesial podemos inferir a necessidade da Igreja como templo onde o fiel se encontra com a Palavra de Deus.

– No monte de meus problemas, Santo Expedito, olha por mim! Nada neste mundo se oculta dos olhos de Deus: sua providência estende-se a tudo e por tudo (cf. Píndaro).

Segunda razão – O socorro de Deus é certo. "Meu socorro vem do Senhor, que fez o céu e a terra" (Sl 121,2). Não há qualquer dúvida de que Deus viria socorrer o salmista. O salmista, Davi, poderia ter dito: "Meu socorro, eu acho que vem do Senhor", ou "Meu socorro talvez venha do Senhor"; mas ele foi enfático e acreditou em Deus: "Meu socorro vem do Senhor".

Ter segurança naquilo que se pede com fé. A fé não admite dúvidas. Ela nasce de uma atitude amadurecida e cheia de vigor. Ter fé implica uma atitude contrária à dúvida e está intimamente ligada à confiança. Em algumas situações, como problemas emocionais ou físicos, ter fé significa ter esperança de que algo vai mudar de forma positiva, para melhor.

"Ora, a fé é a certeza daquilo que esperamos e a prova das coisas que não vemos" (Hb 11,1) – não podemos ver Deus, nem o céu. Ter fé em Deus é acreditar mesmo sem ver.

– Santo Expedito tem um "hoje" para a solução das minhas dificuldades! Aprender a confiar em sua intercessão.

Terceira razão – Deus é Senhor sobre todas as coisas. "Ele não permitirá que teus pés vacilem..." (Sl 121,3). Tudo está debaixo da permissão de Deus. Nada pode acontecer sem a permissão dele. Todos os meus problemas estão sob sua autoridade. Crendo nisso, descanso e encontro paz.

Esse é o desafio que coloca dois problemas: um é a questão da ingenuidade de atribuir tudo a Deus e, o segundo, é pensar que Deus tudo pode resolver sem minha participação. As pessoas poderão atribuir tudo a Deus quando possuírem uma alta espiritualidade.

– A proteção de Santo Expedito é sempre segura! Confiar e confiar sem esmorecer, jamais.

Quarta Razão – Deus está sempre atento ao que acontece em minha vida. "É certo que não dormita, nem dorme o guarda de Israel" (Sl 121,4). Não há perigo de Deus se esquecer de mim, pois ele não cochila, nem dorme; está sempre alerta, é onisciente, onipresente, onipotente. É um guarda perfeito, que vigia a todo instante seus tesouros!

A maioria dos solavancos da vida deixam as pessoas machucadas e reticentes. Enquanto não se curarem as feridas, Deus nada poderá fazer com aqueles que cochilam em sua caminhada. A confiança em Deus é uma questão de paciência para se esperar o melhor.

– Santo Expedito não deixará para amanhã sua intercessão! A confiança é um longo esperar que faz parte da caminhada da vida cristã. Nem sempre acelerar a marcha nos leva ao destino querido. Há momentos em que é necessário caminhar aos passos da espera (cf. Yanne Michelle).

Quinta razão – Deus está próximo de mim. "O Senhor é tua sombra à tua direita" (Sl 121,5). Deus acompanha seus servos, não os deixa, não os desampara. Minha sombra nunca desgruda de mim, assim Deus também não. Ele está totalmente próximo, participando da minha vida de perto, inclusive quando passo por dificuldades.

Deus coloca um anjo para me proteger. A função do anjo é o de cuidar dos eleitos e daqueles que se devotam a sua causa.

– Caminho sobre a proteção de Santo Expedito! Santo Expedito é um anjo que caiu do céu...

Sexta razão – Deus está me conduzindo em todos os momentos. "De dia não te molestará o sol, nem de noite, a lua" (Sl 121,6). O Senhor sempre me socorrerá nas intempéries da vida. Não existe momento mais ou menos propício para se pedir o auxílio de Deus.

– Para que deixar de interceder por Santo Expedito se ele está sempre atento aos seus devotos? Ele não é o santo que deixa algo para mais tarde. Ele é o santo do hoje, do agora... Não deixe tudo para o amanhã, porque ele pode nunca chegar... Cada minuto, hora e dia de sua vida é único, portanto aproveite o máximo possível para viver com alegria!

Sétima razão – O Senhor me protege. "O Senhor te guardará de todo mal; guardará tua alma" (Sl 121,7).

Deus me esconde debaixo de sua proteção. Passo pelas dificuldades, mas sou guardado pelo cuidadoso Pai, assim como o pássaro guarda sob suas asas seus filhotes no ninho salvo do perigo.

Somos envolvidos na força da graça de Deus. Ele nos protege e nos dá todas as forças necessárias ao estado de vida que optamos. Lutar é para todos, mas vencer somente a minoria, que antes da batalha pede a Deus proteção divina. Pense nisso. Não inicie nada, sem antes pedir licença ao Deus todo-poderoso e ao seu santo de confiança.

– Santo Expedito, fiel discípulo do Senhor, sempre socorre seus devotos!

Oitava razão – O cuidado de Deus é em todos os lugares e momentos. "O Senhor guardará tua saída e tua entrada, desde agora e para sempre" (Sl 121,8). Meus passos estão debaixo da supervisão e cuidados de Deus. O que temer? Deus está sempre pronto a socorrer seus servos!

A graça divina é infinita, mas a recepção é a passos de tartaruga. Desse modo, é importante que entendamos que a graça divina é oferecida da mesma maneira a todos os homens – Deus continua a chamar para si pessoas que são imperfeitas, que têm virtudes, mas que não são escolhidas por uma razão ou outra, mas sim porque Deus é gracioso. Somos envolvidos no projeto de Deus por sua imensa graça, porque a Graça Divina é simplesmente inclusiva.

– Deixe o manto de Santo Expedito nos proteger e nos cobrir com sua fiel intercessão! A bênção divina sempre está presente em nossa vida. "O Senhor te abençoe e te guarde. O Senhor faça resplandecer seu rosto sobre ti, e tenha misericórdia de ti. O Senhor sobre ti levante seu rosto e te dê a paz" (Nm 6,24-26).

Tudo isso e mais a intercessão de Santo Expedito para completar aquilo que, humanamente, nos falta. Nosso amado santo dizia aos seus inimigos que era necessário vencer hoje e agora. Não há como protelar ou deixar para amanhã aquilo que se deva fazer hoje.

Hoje, poderá ser seu dia de encontro. Muitas pessoas deixam para depois e acabam perdendo a oportunidade de acontecer a divina graça em sua vida. Diz a sabedoria oriental: uma das causas do fracasso na vida é deixar para amanhã o que se pode fazer hoje, e depois fazê-lo apressadamente.

No caminho da vida podemos encontrar a pérola preciosa e/ou a joia perdida (cf. Mt 13,44-46). Somos como a esmeralda bruta colhida no jazigo. Necessitamos de um ourives habilitado para esmerilhar e dar o brilho necessitário retirando toda a impureza e, depois, preparar a peça em ouro para dar o acabamento final. Quando se quer algo que seja importante deve-se ir atrás, inclusive, com algum sacrifício e custo. Quem não corre atrás não encontrará, na frente, o que busca.

Sempre ficará, todavia, uma questão de preferência e de escolha. Infelizmente, alguns não querem nenhum sacrifício. Apenas desejam receber; como o filhote do passarinho que, no ninho, espera a mãe ave lhe trazer o alimento!

O devoto de Santo Expedito se aquece com seu manto de proteção e confia suas dificuldades ao santo das causas urgentes. Sabe que tem um Deus que tudo pode, mas nada pode sem o desejo humano. Deus respeita nossa liberdade e decisão própria. Não invade nossos limites de liberdade, mas nos dá as condições necessárias para avançar ou recuar.

Se Santo Expedito é o tesouro que você procura, vai valer a pena todo o investimento nessa busca. Investir na divulgação de sua devoção, nos milagres, no devocionário e na propagação da fé em Santo Expedito. Descobrimos e sabemos que ele é nosso intermediário, nosso intercessor junto ao Deus todo-poderoso.

Expedito é o santo da determinação, que não admite protelação. A maioria fica chocada com os problemas, mas acredita que logo passa, depois volta tudo à mesma coisa. Os maus exemplos estão sempre a nossa frente e não conseguimos ver uma saída; protelamos, adiamos, caminhamos com passos lentos em busca de uma possível solução.

Nas dificuldades amar e amar: "O amor é paciente, o amor é bondoso. Não inveja, não se vangloria, não se orgulha. Não maltrata, não procura seus interesses, não se ira facilmente, não guarda rancor. O amor não se alegra com a injustiça, mas se alegra com a verdade. Tudo sofre, tudo crê, tudo espera, tudo suporta" (1Cor 13,4-7).

Por fim, "O próprio Senhor irá a sua frente e estará com você; ele nunca o deixará, nunca o abandonará. Não tenha medo! Não desanime!" (Dt 31,8) e "Querido Deus, tu és minha proteção, minha fortaleza. Tu és meu Deus, eu confio em ti" (Sl 91,2).

7. SANTO EXPEDITO, EM JESUS, É UM BÁLSAMO PARA A VIDA

Na maioria das vezes, as pessoas que estão atribuladas ficam sem horizonte; perdem o referencial e não conseguem avistar o final do túnel. Outras se metem em "buracos" sem medida e, depois, procuram uma saída na noite escura. Procurar em Santo Expedito um conforto espiritual e material é fundamental, pois enquanto houver força para se levantar nada estará perdido.

São estes os dois caminhos do devoto de Santo Expedito:

– O *caminho espiritual*. Aquele momento de aridez e deserto em que a maioria das pessoas se encontra. Momento difícil, pois a maior parte dos problemas das pessoas é de ordem espiritual. É tão difícil conviver com esses conflitos. Alguns se perdem.

Quando a alma está triste, carente e sofrendo, a pessoa não se sente mais com força de vencer. É tomada pelo desânimo e nada prospera em sua vida. Tudo parece desfalecer, e a vida perde a graça e a esperança, não vai além do provisório.

Nesse momento, a autoestima fica destroçada e vai lá embaixo. Perde-se o álibi e a confiança; a pessoa é tomada de desesperança e não quer reagir. Alguns ficam atônitos e sem reação. É que alguns problemas aparecem tão subitamente que não se espera tal situação.

Bem claro fora a advertência de Jesus: "Vigiai e orai, para que não entreis em tentação; na verdade, o espírito está pronto, mas a carne é fraca" (Mt 26,41). Diante de certos desafios nos vemos apequenados, indefesos e sujeitos a sucumbir.

Nesse momento entra a necessidade da devoção ao santo guerreiro. Ele aparece como um grande milagre na vida cristã; o devoto é tomado por uma súbita devoção: Santo Expedito, valei-me!

Muitas vidas necessitam de um giro de 360 graus. Não adianta pequenos remendos, nem costuras em pano roto. Nesse momento, procuram alguns recursos da igreja: encontro de casais, acampamentos, retiros etc. Não vai valer a pena. Não é hora de remendar; é hora da fogueira. É hora de dar um giro para contornar de acordo com a necessidade. Mas, calma. Não há energia nem coragem para isso. Alguns param por aqui.

Santo Expedito não é o santo do amanhã, da protelação; das pessoas enroladas. É hoje o dia da determinação. Ele ensina isso aos seus devotos. Pratique a esperança. "À medida que a esperança se torna um hábito, você consegue alcançar um espírito permanentemente feliz" (Norman Vincent Peale). Ele é o santo da pressa.

– O *caminho material*. Todos e cada um têm seus problemas de acordo com suas carências e necessidades. Recorrer aos santos é, por demais, animador e confortador; é uma oportunidade de superação. A Igreja, em sua sabedoria, recomenda-nos a devoção aos Anjos, a Nossa Senhora, a São José e aos Santos, em geral. Eles acolhem nossas orações e as levam até a Santíssima Trindade.

> *Mostrou, com a vida, que nunca devemos deixar para amanhã nossas obrigações de cidadãos e de cristãos, uma vez que só dispomos do hoje e do momento presente.*

Entendamos que o santo não é suficiente por si mesmo; ele leva nossas preces a Deus e, este, as aprecia com amor. Deus, certamente, deve ser o centro da nossa vida. Mais ou menos na trilha de São Bento: rezar e agir (*ora et labora*).

Muitos criticam a Igreja por causa da devoção aos santos. Não importa; eles não sabem o que estão dizendo. Se não acreditam na intercessão dos santos, por que procuram o médico na hora da doença e o advogado para defender sua causa? Não confiam somente em Deus? Por que recorrer a homens para se protegerem?

Ainda que passemos por momento de angústia e dor, há um Deus que pode curar todas as nossas feridas (Is 53,4-5). Alguns dizem: "Estou cansado!", "estou no meu limite!", "não aguento mais!" Nessas horas pensamos em desistir, jogar tudo para o alto, até aparecer uma boa solução. As dificuldades da vida existem, sempre vão existir.

Deus tem para nós uma vida de abundância e um futuro cheio de esperança (cf. Rm 8,37; Jr 29,11; Jo 10,9).

Muitas pessoas, no desalento de suas carências econômicas, ficam focadas nas loterias, nos jogos de azar, e inventam artimanhas para ver se solucionam suas dificuldades. Ilusão, apenas. A solução é começar a reconstrução que, na maioria das vezes, tem-se dificuldade de aceitar que não deu certo.

A história da cura da lepra de Naamã traz um lindo ensinamento sobre o poder da humildade e da obediência à Palavra de Deus. Eliseu disse que ele ficaria curado, se mergulhasse sete vezes no Rio Jordão (2Rs 5,1-27). Para o general pagão era como uma desfeita. Imagine-o todo-poderoso! Mas, Naamã era um guerreiro fascinante, porquanto, por meio dele, os sírios já haviam recebido inúmeros livramentos.

Uma jovem escrava convence-o a obedecer ao profeta de Deus. O que custa mergulhar sete vezes no Rio Jordão? O comandante acreditou em uma palavra de obediência e foi curado. Assim poderá acontecer conosco. Nada de magia! Obedecer a uma palavra certa, no momento certo!

É como uma árvore de bálsamos, que pode aliviar toda dor, todo sofrimento e toda aflição. A palavra do Senhor diz que do Senhor procede a árvore da vida, cujas folhas servem de remédio para curar (cf. Ez 47,2; Ap 22,1-2). Mas para chegar à cura e a Deus é preciso esforço que provém da fé.

Havia Jesus cruzado o mar da Galileia, e dizia a Palavra que, após desembarcar, uma multidão o esperava. E, entre tantos que o esperavam, havia duas pessoas cujo esforço, ânimo e paciência não haviam desfalecidos. Um deles era um príncipe da sinagoga, chamado Jairo, cuja filha única de 12 anos jazia de morte; a outra, uma mulher que tinha problemas de fluxo de sangue, que gastara tudo que tinha para ser curada, mas sem sucesso (cf. Lc 8,40-43).

Dentre as coincidências, o destino de duas mulheres enfermas se cruzam, mas com um único objetivo: a cura. Enquanto uma estava nascendo (a filha de Jairo); a outra contraía uma enfermidade. Mas, naquele momento, ambas padeciam de dor e necessitavam de cura.

De um lado, um pai esforçado para ver sua filha curada; de outro, uma mulher cuja única esperança estava longe, misturada à multidão. Em ambos existia algo a mais, a fé naquele que poderia mudar a sorte.

Ambos reconheciam que o Senhor podia fazer algo. Ambos reconhecem, em humildade, o domínio de Jesus, prostrando-se aos seus pés.

Ambos tiveram de mudar conceitos e preconceitos. Quem poderia imaginar um príncipe da sinagoga, um maioral da lei, prostrando-se aos pés de um homem, cujos conterrâneos nem o reconheciam como profeta (cf. Lc 7,39)?

Também imagine uma mulher com fluxo (menstruação), considerada impura, que não podia tocar, nem ser tocada, romper pelo meio da multidão prostrada (cf. Lv 15; Lc 8,45). E não nos importa julgar qual esforço foi o maior, mas aprender que ambos obtiveram resposta pelo empenho e pela coragem que tiveram.

Isso fez toda a diferença naqueles irmãos que acreditaram no milagre. Se não corre atrás não se consegue nada. Com um pouco de sacrifício e de boa vontade, tudo de bom poderá acontecer. Aprender que só se chega ao destino final caminhando. Alguns vivem pedindo carona.

Acontece que as pessoas se acomodam e não vão mais atrás, às vezes, pelo desânimo e falta de fé. Uma fé madura faz o devoto – um atleta nas coisas de Deus. Na busca da cura e do milagre não podemos economizar oportunidades.

Vamos. Vençamos os obstáculos! A montanha poderá ser alta, mas com treino se chega ao topo. O arqueiro não desanima para vencer o alvo. Ensaia centenas de vezes, jogando seu dardo até atingir a meta. A bailarina não aprende os passos sem ensaio; precisa machucar os dedos para aprender dar o salto certo e harmônico. Que seus esforços desafiem as impossibilidades; lembre-se de que as grandes coisas do homem foram conquistadas daquilo que parecia impossível. A persistência é o menor caminho do êxito (ideias baseadas em Charles Chaplin).

Sintomática foi a atitude de Tomé ao se aproximar de Jesus fora de um contexto de aparição (cf. Jo 20,19-31). Tomé é símbolo do discípulo resistente à presença poderosa de Jesus Cristo. Um pintor do século XVI retratou-o segurando uma régua em sua mão esquerda. Símbolo de que havia, em Tomé, a necessidade de se medir sempre. A vida, no entanto, não é assim. É chegado o momento de Tomé decidir: "Meu Senhor e meu Deus" (v. 28)!

No mundo gospel há uma canção chamada *Você é um milagre*: "Nunca houve noite que pudesse impedir/ o nascer do sol e a esperança..."

Muitos procuram o milagre de forma equivocada e desesperada. Os milagres ainda existem, com calma encontramos um aqui e outro acolá. Na maioria das vezes, é uma sedução enganadora. A procura por Santo Expedito é uma saída diante das impossibilidades da vida.

A devoção ao santo guerreiro coloca-nos na linha de batalha contra as forças desanimadoras da vida cristã. Somente se vence batalhas por meio da determinação e persistência cotidiana. A vida é repleta de lutas e desafios, mas não adianta lutar por aquilo que não traz esperança e realização humana. Busquemos, de modo especial, aquilo que nos realiza como pessoa.

O santo guerreiro estava muito bem como comandante do exército romano; poderia dar-se por realizado, mas em seu coração havia outro desejo. Alguém maior estava ocupando seu espaço. Deus era sua razão e não os deuses do Império Romano. Esses traziam benefícios materiais e boa proposta de emprego, o outro, realizava sua ansiedade de caminho para o céu!

Busca-se em Santo Expedito uma expressão, um álibi de esperança para aqueles momentos desesperadores da vida. Na maioria das vezes, temos de abandonar nosso capacete de segurança para colocar nas mãos de Deus, por intermédio de Santo Expedito, aquilo que desejamos.

Abandonar nossas falsas seguranças e colocá-las aos pés de Jesus. Na imagem de Santo Expedito, seu capacete se encontra em seus pés. Doravante não necessitava daquele que o protegia das intempéries; agora necessitava do "capacete da salvação", como dizia o apóstolo Paulo (cf. Ef 6,17).

O que significa aquele capacete? O capacete é uma arma de defesa que, na guerra, protege a cabeça dos soldados contra os ataques que podem receber. Na armadura de Deus, esse capacete é a arma que protege a mente contra todos os dardos do diabo. Pensemos nisso!

8. SANTO EXPEDITO: UM SANTO MÁRTIR

A mais pura devoção aos santos é aquela dirigida aos santos mártires. Mártir é aquele que morreu testemunhando sua fé. Na hierarquia dos santos, os mártires ocupam as primícias da fé apostólica.

A perseguição aos cristãos vem do tempo de Nero, no ano de 64, por ocasião do incêndio de uma grande parte da cidade de Roma, atribuído aos cristãos. O grande incêndio da cidade de Roma, acontecido na noite de 18 de julho de 64, aparece como um dos mais famosos e instigantes crimes de toda a Antiguidade.

Há várias versões para a causa do incêndio. A versão mais contada é a de que os moradores que habitavam as construções de madeira usavam o fogo para se aquecerem e se alimentarem. E por algum acidente, o fogo alastrou-se. Para piorar a situação, ventos fortes arrastavam o fogo pela cidade.

Os *Annales* de Tácito informam: "... uma grande multidão foi condenada não apenas pelo crime de incêndio, mas por ódio contra a raça humana. E, em suas mortes, eles foram feitos objetos de esporte, pois foram amarrados nos esconderijos de bestas selvagens e feitos em pedaços por cães, ou cravados em cruzes, ou incendiados, e, ao fim do dia, eram queimados para servirem de luz noturna".

O clímax da perseguição se deu sob o governo de Diocleciano e Galério, no final do século III e início do IV. Essa é considerada a maior de todas as perseguições. Iniciada com uma série de quatro editos proibindo certas práticas cristãs e uma ordem de prisão do clero, a perseguição se intensificou, até que se ordenasse a todos os cristãos do Império que se sacrificassem aos deuses imperiais, sob pena de execução, caso se recusassem.

Expedito era um cristão igual aos demais soldados. Sua função lhe dava certo status diante do Imperador. Mas isso não lhe deu o direito de reconhecimento por ser cristão. O Imperador estava interessado em sua qualificação e não na opção religiosa, mesmo que fosse apenas adorador de seus ídolos.

A perseguição continuou até que Constantino I chegou ao poder e, em 313, legalizou a religião cristã por meio do Edito de Milão, iniciando-se a paz na Igreja. Entretanto, foi somente com Teodósio I, no final do século IV, que o cristianismo se tornaria a religião oficial do Império. Fato esse que contraria o que a maioria afirma, que seria Constantino quem teria dado à Igreja a liberdade religiosa.

Do ponto de vista cristão e dentro do contexto do Novo Testamento, pode-se dizer que o mártir é aquele que preferiu morrer a renunciar a sua fé, por defender a veracidade do que consiste "a Palavra de Deus", entregando a própria vida para esse fim, para que a essência dessa verdade fosse preservada.

Entre os católicos chama-se "batismo de sangue" o martírio daquele que morre pela fé, antes de ter sido batizado. No caso de Santo Expedito, não sabemos, ao certo, se ele era batizado ou, apenas, um admirador da fé cristã ou que aguardava o tempo certo para o batismo, mesmo se fosse um catecúmeno. Talvez, possamos justificar esse procedimento devido a constante procrastinação da sua conversão completa.

No entanto, desde o início do cristianismo, percebemos que três elementos estão quase sempre unidos: testemunho, profecia e doação da própria vida. O mártir é aquele cristão que defende sua fé diante da justiça humana, no caso, do Império Romano. Ele não se amedronta com as ciladas e ataques de seus inimigos.

Isso se pode falar e refletir sobre Santo Expedito. O fato de não termos elementos históricos a respeito de sua biografia não nos tira o direito de pensar em Expedito de acordo com a situação sócio-política-religiosa de então.

O tempo em que viveu Expedito era o da confirmação pelo catecumenato. Não sabemos se ele passou por esse processo, como não sabemos dos demais mártires que temos ilustrados nesses últimos anos; apenas para observar: São Jorge, Santa Luzia, São Sebastião e outros. Esses foram mártires nas mesmas condições que Expedito, em lugares diversos.[8]

O clímax da perseguição, como se anotou acima, deu-se sob o governo de Diocleciano e Galério (Gaius Galerius Valerius Maximianus, 260-311), no final do século III e início do IV. Essa é considerada a maior de todas as perseguições.

---

[8] Gasques, Jerônimo, *São Jorge: o santo guerreiro*, Paulus Editora, 2016, 133 páginas. Um mártir contemporâneo de Expedito, pelo mesmo Imperador Diocleciano. O mesmo fora torturado e decapitado. Venerado desde o século IV como mártir da Igreja de Cristo.

Os que não obedecessem seriam sacrificados. Isso aconteceu com Expedito. Não obedecendo a tirania de seus asseclas, morreu por defender sua fé. Em carta ao papa São Cornélio, afirma: "Se um de nós partir primeiro deste mundo, não cessem as nossas orações pelos irmãos" (*Carta 57*).

Muitos, dos primeiros cristãos, foram crucificados, queimados vivos, jogados às feras ou à vala da latrina, torturados, presos e perseguidos de tantas formas... A Igreja que nasceu, germinou marcada pelo derramamento do sangue inocente, daqueles que não tiveram medo de dar a vida pela causa de sua fé e do testemunho de Jesus Cristo.

A devoção a Santo Expedito tem como intenção cultuar sua firmeza na fé. Os obstáculos, as dúvidas, as tentações e as provações poderão aparecer, mas ele se firma naquele que acreditava: Jesus Cristo.

Mais que pedir ao santo das causas urgentes, devemos resgatar a pouca fé que resta no povo cristão. Santo Expedito nos ensina a urgência de uma fé comprometida com a causa do Reino; para caminhar em busca da ovelha perdida, daquela que se encontra distante da Igreja, da comunidade.

Ser devoto de Santo Expedito é acreditar que podemos fazer a diferença em um mundo repleto de relativismos que destoam da fé cristã. Somos cidadãos do Reino; São Paulo nos diz: "Por isso, busco meu tesouro; aquele que me é reservado desde sempre".

Os mártires fazem parte da multidão dos santos bem-aventurados do Evangelho. Jesus tem um especial privilégio por esse grupo de pessoas seletas e admiráveis aos olhos de Deus (cf. Ap 7,2-14; Mt 5,1-12). Lembrar os mártires é não deixar morrer a história viva da Igreja.

O devoto de Santo Expedito descobre que não se deve deixar nada para amanhã (*cras*); e tomar uma decisão que envolva o hoje (*hodie*) da vida! Esse é o caminho do devoto de Santo Expedito: abalizada decisão e disposição atuante. Não há remendo. Há decisão firme e assentada (com o pé no chão). Entendendo que os dias correm velozes, não podemos viver momentos de indeterminação.

Enfim, assim narra o livro do Apocalipse sobre os mártires da grande tribulação. Esses santos vistos no presente texto são os mártires da "Grande Tribulação", e, sem dúvida alguma, eles fazem parte dos pregadores do "Evangelho do Reino" (Mt 24,14), pois a passagem diz que eles deram seu testemunho.

> Então o Cordeiro quebrou o quinto selo. "E vi debaixo do altar as almas dos que tinham sido mortos porque haviam anunciado a mensagem de Deus e tinham sido fiéis em seu testemunho. Eles gritavam com voz bem forte: 'Ó Todo-Poderoso, santo e verdadeiro! Quando julgarás e condenarás os que na terra nos mataram?' Cada um deles recebeu uma roupa branca. E foi dito a eles que descansassem um pouco mais, até que se completasse o número de seus companheiros no trabalho de Cristo, que eram seus irmãos e que iam ser mortos como eles tinham sido" (Ap 6,9-11).

Finalmente anotando. Os cristãos perseguidos, torturados e mortos pelos romanos, por terem professado a fé de Cristo, eram respeitados pelos cristãos como figuras sagradas. No século II, essa prática era extremamente popular, e era comum que se comemorasse o dia da morte de um mártir como o dia de seu nascimento para o céu. A expressão era: "dies natalis". Os pagãos também tinham esse dia como data comemorativa de aniversário ou de um de seus deuses.

Os componentes essenciais do martírio, tais como: sofrimento suportado com paciência, fidelidade, aceitação sem revolta, humildade, coragem, liberdade de consciência e amor foram experimentados por homens e mulheres como participação no sofrimento, morte e glória de Cristo.

Durante os primeiros anos do cristianismo se popularizaram as noções de santidade e as relíquias dos mártires. Eles eram venerados nas catacumbas espalhadas por todo o Império. Seus corpos eram recolhidos, quando permitido, e sepultados em covas com jazigos identificados. Com Santo Expedito, aparece essa impressão de que ele não tivera uma identificação, como vimos anteriormente.

Em outras palavras, os mártires eram tidos como santos, que de acordo com o pai da Igreja São Jerônimo "não calam quando mortos", mas "apenas dormem", e das partes de seus corpos se faziam relíquias, às quais eram creditados poderes milagrosos da graça de Deus (At 18,11-12; 2Rs 13,20-21).

Veja o que diz o Catecismo (§ 2474). "Com o maior cuidado, a Igreja recolheu as lembranças daqueles que foram até o fim para testemunhar a fé". São as "Atas dos Mártires" (Acta Martyrium). Constituem os arquivos da verdade escritos em letras de sangue:

"De nada me servirão os encantos do mundo e dos remos deste século. Melhor para mim é morrer (para me unir) a Cristo Jesus do que reinar até as extremidades da terra. É a ele, que morreu por nós, que eu procuro; é a ele, que ressuscitou por nós, que eu quero. Aproxima-se o momento em que serei gerado...

'Eu vos bendigo por me terdes julgado digno desse dia e dessa hora, digno de ser contado no número dos vossos mártires... Guardastes vossa promessa, Deus da fidelidade e da verdade. Por essa graça e por todas as coisas, eu vos louvo, vos bendigo e vos glorifico pelo eterno e celeste sumo sacerdote, Jesus Cristo vosso Filho bem-amado. Por Ele, que está convosco e com o Espírito, vos seja dada glória, agora e por todos os séculos. Amém'".

SEGUNDA PARTE

REZAR COM SANTO EXPEDITO: ORAÇÕES DO CULTO CRISTÃO

1. INTRODUÇÃO ÀS ORAÇÕES DEVOCIONAIS

Este breve guia de oração tem por finalidade auxiliar na pré-iniciação do culto cristão, contendo as orações básicas do catolicismo. A primeira catequese deve, não só em primeiro lugar ser ministrada, mas constantemente incentivada pelos pais.[9]

A oração deve ser posta como algo preciosíssimo e necessário e a prova disso encontramos na Bíblia, em que lemos que o próprio Jesus passava noites inteiras rezando. Uma vida verdadeiramente cristã não é imaginável, sem que haja uma vida de oração.

Vemos que o próprio Jesus orava e ia à montanha para o encontro com o Pai por meio da oração. Jesus não precisava orar, mesmo assim dedicou grande parte de seu ministério à oração (cf. Lc 22,41); não precisava jejuar, mas absteve-se de alimentos por quarenta dias no deserto (cf. Mt 4,2). Não precisava ler a Lei, pois ele mesmo era a Palavra viva, mas leu-a na sinagoga (cf. Jo 5,24).

---

[9] Pastoral de iniciação cristã. O Documento 107 da Conferência Nacional dos Bispos do Brasil (CNBB), aprovado pela 55ª Assembleia Geral dos Bispos (2016), é, também, tema da reflexão deste livro. O documento oferece novas disposições pastorais para a iniciação à vida cristã. Vale a necessidade de uma leitura do texto.

A oração nos fortalece e nos dá o ânimo necessário para caminhar, ir para frente; é um consolo para a alma cristã. Com a oração jamais desistimos, pois fortalece o nosso querer. Enfim, devemos aprender a sermos humildes e aceitarmos as demoras de Deus!

Uma oração antiga diz: "Que a estrada se abra a sua frente. Que o vento sopre levemente suas costas. Que o sol brilhe morno e suave em sua face. Que a chuva caia de mansinho em seus campos. E, até que nos encontremos de novo, que Deus lhe guarde na palma de suas mãos" (*Oração Celta*).

Sobre Santo Expedito, não sabemos se ele era um homem orante ou não, apenas deduzimos, devido ser cristão. Era comum, em seu tempo, ir orar nas casas ou nas catacumbas, para evitar maiores constrangimentos junto às autoridades romanas. Penso em crer que ele era um jovem de oração. Não conseguiria se sustentar firme e animado diante das seduções do Império.

O que fica de incógnita é o porquê de ele ser cristão na condição de soldado do Império e, por outro lado, o que o impediria de se tornar cristão de forma incompleta por um longo tempo de sua vida, conforme alguns escritos. Seria seu estado de procrastinação? Seria por ser bastante jovem? Participaria, por ventura, dos banquetes oferecidos pelo Imperador a seus súditos mais fiéis?

As ofertas do Imperador para ele eram quase tentadoras. A distinção em graus na hierarquia dos soldados era uma constante entre os melhores soldados do Imperador. Chamamos isso, hoje, de promoção. Para aqueles olhos ambiciosos, esse era um grande petisco e uma tentação. Resistir somente aos bons cristãos daquela época. A maioria, no entanto, sucumbia à tentação, inclusive os "cristãos", que não tinham as mesmas convicções de Expedito.

Aqui entra, com certeza, a necessidade da oração. A oração fortalece as opções e amadurece a vocação e a determinação da fé. Sem a oração não conseguimos ir muito longe, pois ela é como um combustível para a caminhada.

– Para você ler sobre a necessidade da oração: Lc 9,18-22; 11,5-8; Jo 11,41-42; Is 59,1; Mt 6,9-13.

Os Santos, todos, eram amigos e cultivadores do espírito de oração. Bem entendido, é claro. Cada um, a seu modo, tinha sua maneira de orar. São Bento preferia "orar e trabalhar" de forma consecutiva; Santa Madre Teresa de Calcutá dizia que mãos que ajudam são mais sagradas que lábios que se perdem em oração; Santa Teresinha preferia a clausura como lugar de recolhimento e de encontro com Deus. Não se preocupava com grandes gestos de oração, pois para ela toda oração é sempre grande! Não existe oração "pequena".

O irmão Charles de Foucauld (*1858 - †1916) preferia o deserto e os mais pobres da Argélia. No deserto, Charles levou uma vida austera, marcada pela oração e um ministério despretensioso de amizade com as tribos nômades de beduínos muçulmanos, conhecidos como os tuaregues. Para eles, ele se tornou conhecido como um "marabu", um homem santo. Certamente, cada um teve ou descobriu a forma exata da oração.

Para perder as almas, o demônio procura tirar-lhes o gosto e o amor pela oração. Expedito supera essa "tentação". Dá um passo decisivo em sua vida. Deixa a procrastinação para trás e opta pela virtualidade do hoje em que se encontra o Senhor.

A busca desenfreada por divertimentos, descanso, a paganização da moda, a má imprensa (jornais, revistas, televisão, internet) são, muitas vezes, instrumentos na mão de Satanás para afastar os fiéis da prática da oração. Com isso, as pessoas ficam sem tempo para rezarem.

Quem não reza cai em tentação, como aconteceu com os Apóstolos, no horto das Oliveiras. Não só cairá em tentação, correrá o risco de perder a fé e todo o fundamento religioso.

A oração é o termômetro da vida na alma. Um devoto de Santo Expedito não fica sem a oração diária. Vamos para algumas orações do cotidiano católico e a indicação de algumas práticas de vida cristã. Aqui, as orações servem para serem decoradas. Tudo depende do esforço de cada um. Quando não se aprende, na família ou na catequese, o cristão tem de apelar ao exercício da vida cristã.

As orações seguintes são as mais corriqueiras da vida cristã católica; são as básicas, as elementares do culto cristão. Todos devem ou deveriam saber de cor, pois os pais deveriam ensinar os filhos desde pequenos. Infelizmente, não é assim.

Sinal da Cruz

Há dois modos:
1. Pelo sinal da santa cruz, livrai-nos, Deus, nosso Senhor, dos nossos inimigos. (Usando a mão direita, com o polegar faz-se uma pequena cruz na testa, outra

nos lábios e outra no peito.) Mais propriamente, denominamos este sinal: benzer-se ou persignar-se.

Ou,

2. Em nome do Pai, do Filho e do Espírito Santo. Amém. (Usando a mão direita, encosta-se a ponta do indicador na testa, depois no peito, na extremidade esquerda do ombro e, em seguida, na extremidade direita do ombro.) Esse sinal é usado para iniciar a oração ou para aclamar o Evangelho, durante a missa.

Credo (ou Creio)

Creio em Deus Pai todo-poderoso, criador do céu e da terra; e em Jesus Cristo, seu único Filho, Nosso Senhor; que foi concebido pelo poder do Espírito Santo; nasceu da Virgem Maria, padeceu sob Pôncio Pilatos, foi crucificado, morto e sepultado; desceu à mansão dos mortos; ressuscitou ao terceiro dia; subiu aos céus, está sentado à direita de Deus Pai todo-poderoso, donde há de vir a julgar os vivos e os mortos; creio no Espírito Santo, na santa Igreja católica, na comunhão dos santos, na remissão dos pecados, na ressurreição da carne, na vida eterna. Amém.

Pai-nosso

Pai nosso, que estais no céu, santificado seja o vosso nome, venha a nós o vosso reino, seja feita a vossa vontade, assim na terra como no céu. O pão nosso de cada dia nos dai hoje; perdoai-nos as nossas ofensas assim como nós perdoamos a quem nos tem ofendido, e não nos deixeis cair em tentação, mas livrai-nos do mal. Amém.

Ave-Maria

Ave, Maria, cheia de graça, o Senhor é convosco; bendita sois vós entre as mulheres e bendito é o fruto do vosso ventre, Jesus. Santa Maria, Mãe de Deus, rogai por nós, pecadores, agora e na hora de nossa morte. Amém.

Glória ao Pai

Glória ao Pai, ao Filho e ao Espírito Santo. Como era no princípio, agora e sempre. Amém.

Salve, Rainha

Salve, Rainha, Mãe de misericórdia, vida, doçura e esperança nossa, salve! A vós bradamos os degredados filhos de Eva. A vós suspiramos, gemendo e chorando neste vale de lágrimas. Eia, pois, advogada nossa, esses vossos olhos misericordiosos a nós volvei, e depois deste desterro, mostrai-nos Jesus, bendito fruto do vosso ventre, ó clemente, ó piedosa, ó doce sempre Virgem Maria.
– Rogai por nós Santa Mãe de Deus.
– Para que sejamos dignos das promessas de Cristo.

Santo Anjo

Santo Anjo do Senhor, meu zeloso e guardador, se a ti me confiou a piedade divina, sempre me rege, me guarde, me governe, me ilumine. Amém.

Oração a São Miguel Arcanjo

São Miguel Arcanjo, protegei-nos no combate, cobri-nos com vosso escudo, contra os embustes e ciladas do demônio. Subjugue-o, Deus, instantemente o pedimos e vós, Príncipe da milícia celeste, pelo divino poder, precipitai no inferno a Satanás e a todos os espíritos malignos que andam pelo mundo para perder as almas. Amém.
– São Miguel Arcanjo, protegei-nos na luta para que não pereçamos no tremendo juízo.
– Sacratíssimo Coração de Jesus. Tende piedade de nós! (3 vezes)[10]

Oração de São Bernardo

Lembrai-vos, ó puríssima Virgem Maria, que jamais se ouviu dizer que algum daqueles que têm recorrido a vossa proteção, implorando o vosso auxílio, e

---

[10] Gasques, Jerônimo. Os que desejam se aprofundar na devoção ao Sagrado Coração de Jesus poderão ler nosso livro: *Um Coração Para Amar*, Loyola Editora, p. 96, 2017. O livro reflete a espiritualidade das 12 promessas do Sagrado Coração à Santa Margarida Maria de Alacoque. O autor resgata esse devocional que tem contribuído com o movimento do Apostolado da Oração por décadas afora.

reclamando o vosso socorro, fosse por vós desamparado. Animado, pois, com igual confiança, ó Virgem das virgens, como à Mãe recorro e de vós me valho e, gemendo sob o peso dos meus pecados, me prostro aos vossos pés; não desprezeis as minhas súplicas, ó Mãe do Filho de Deus, mas dignai-vos de ouvi-las propícia e me alcançar o que vos rogo. A vossa proteção recorremos, Santa Mãe de Deus, não desprezeis as nossas súplicas em nossas necessidades, mas livrai-nos sempre de todos os perigos, ó Virgem gloriosa e bendita. Amém.

Alma de Cristo

Alma de Cristo, santificai-me. Corpo de Cristo, salvai-me. Sangue de Cristo, inebriai-me. Água do lado de Cristo, lavai-me. Paixão de Cristo, confortai-me. Ó bom Jesus, ouvi-me. Dentro de vossas Chagas, escondei-me. Não permitais que eu me separe de vós. Do espírito maligno, defendei-me. Na hora da morte, chamai-me, e mandai-me ir para vós, para que com os vossos Santos vos louve, por todos os séculos dos séculos. Amém.

Oração ao Divino Espírito Santo

Vinde, Espírito Santo, enchei os corações dos vossos fiéis e acendei neles o fogo do vosso amor. Enviai o vosso Espírito e tudo será criado, e renovareis a face da terra.

Oremos: Deus, que instruístes os corações dos vossos fiéis com a luz do Espírito Santo, fazei que apreciemos retamente todas as coisas segundo o mesmo Espírito e gozemos sempre da sua consolação. Por Cristo, Senhor nosso. Amém.

Obrigado, Senhor!

Obrigado, Senhor, pela tua presença constante ao meu lado! Tu és a força no momento de fraqueza, a alegria no momento de tristeza. Tu és a paz na tribulação e na angústia, és a rocha que alicerça meus projetos, e o embalo harmonioso que me acalma nas noites de inquietação. Tu és a luz que ilumina o meu caminho e a luz que me faz caminhar. Tu envolves toda a minha vida e estás presente em cada momento que vacilo. Quando caio, me levantas; quando me decepciono, me animas; quando sinto medo, me fortaleces. Em ti confio plenamente e a todo momento rendo graças pelas bênçãos e maravilhas que realizas a cada novo dia. Amém! (Seleção de Maria Regina Neves Ramos, Caetité-BA.)

Ato de Contrição *(antes de se confessar)*

Senhor Jesus Cristo, Deus e homem verdadeiro, criador e redentor meu, por serdes vós quem sois sumamente bom e digno de ser amado sobre todas as coisas, e porque vos amo e estimo, pesa-me, Senhor, de todo o meu coração, de vos ter ofendido; pesa-me também por ter perdido o céu e merecido o inferno, e proponho firmemente, ajudado com o auxílio da vossa divina graça, emendar-me e nunca mais vos tornar a ofender, e espero alcançar o perdão das minhas culpas, pela vossa infinita misericórdia. Amém.

Ato de Fé

Eu creio firmemente que há um só Deus, em três pessoas, realmente distintas: Pai, Filho e Espírito Santo, que dá o céu aos bons e o inferno aos maus, para sempre. Creio que o Filho de Deus se fez homem, padeceu e morreu na cruz para nos salvar, e que ao terceiro dia ressuscitou. Creio tudo o mais que ensina a Santa Igreja Católica, Apostólica, Romana, porque Deus, verdade infalível, lhe revelou. E nesta crença, quero viver e morrer. Amém.

Ato de Esperança

Eu espero, meu Deus, com firme confiança, que pelos merecimentos de meu Senhor Jesus Cristo me dareis a salvação eterna e as graças necessárias para consegui-la, porque vós, sumamente bom e poderoso, o haveis prometido a quem observar fielmente os vossos mandamentos, como eu proponho fazer com o vosso auxílio. Amém.

Ato de Caridade

Eu vos amo, meu Deus, de todo o meu coração e sobre todas as coisas, porque sois infinitamente bom e amável, e antes quero perder tudo do que vos ofender. Por amor de vós amo meu próximo como a mim mesmo. Amém.

Obras de Misericórdia

Obra de misericórdia é aquela com que se socorre o nosso próximo em suas necessidades corporais ou espirituais. Que as obras de misericórdia nos ajudem a sermos mais perfeitos e assim construirmos um mundo cada vez mais justo e fraterno.

Cada um dentro de suas possibilidades e dons, pode, em diversos momentos da vida, fazer obras de misericórdia (São Pio X). Para uns é mais fácil visitar enfermos, para outros é mais fácil ensinar os que não sabem ler. Mas para todos, em alguma fase da vida, surgirão os momentos de "perdoar as injúrias" e "sofrer com paciência as fraquezas do nosso próximo". Essas são virtudes fundantes e difíceis de se vivenciar.

São as ações ou atitudes que, quando tomadas por um indivíduo, provam seu amor ao próximo. O exercício das obras de misericórdia comunica graças a quem as exerce. No Evangelho de São Lucas Jesus diz: "Dai, e ser-vos-á dado". Por isso, com as obras de misericórdia fazemos a vontade de Deus, damos algo que é nosso aos outros, e o Senhor promete que nos dará também a nós aquilo de que necessitamos.

As obras de misericórdia são catorze: sete corporais e sete espirituais. Vejamos:
– Dar de comer a quem tem fome;
– Dar de beber a quem tem sede;
– Vestir os nus e dar roupas aos que precisam;
– Tratar de doentes e cuidar dos presos;
– Remir os cativos ou ajudar os apenados em suas necessidades materiais e espirituais;
– Hospedar peregrinos ou dar casa aos que não têm;
– Enterrar os mortos;
– Dar bons conselhos;
– Ensinar os ignorantes ou instruir e orientar os deficientes;
– Consolar os aflitos;
– Corrigir os que erram;
– Perdoar as ofensas e injúrias;
– Rezar pelos vivos e falecidos;
– Suportar os defeitos alheios.

2. ALGUMAS INSTRUÇÕES PASTORAIS

As instruções se fazem, por exemplo, por meio da leitura e da prática de pastoral. A participação na liturgia dominical é indispensável. O cristão não abdica desse dever. Está sempre diante do altar para se colocar à disposição do Senhor, que é o doador da vida.

A devoção a Santo Expedito é fundamental, mas não se devem deixar de lado a vivência cristã e a prática dos sacramentos. Na maioria das vezes encontramos pessoas que são simplesmente devotas, sem participação na comunidade. Esse não deve ser o procedimento correto do verdadeiro devoto de Santo Expedito.

O que faz um bom devoto de Santo Expedito é sua vivência cristã e o testemunho de vida conjugal, caso seja casado. Ao jovem é dada a mesma exigência de comportamento e o testemunho, acima de tudo, como fizera Expedito. Esse é um modelo para a juventude. O jovem Expedito não se aliou aos deuses dos romanos para agradar o Imperador.

Santo Expedito foi altaneiro, corajoso e determinado. Não vendeu sua fé por uma adoração aos falsos ídolos do Império. A grande parte da juventude está entregue aos clamores da sociedade líquida, que não tem proposta de vida nem constrói uma estrada de acesso ao absoluto da vida.

Vivemos presos às mídias sociais, que acabam ocupando todo o tempo e espaço de convivência, restrita ao egoísmo de um mundo (pessoas, governos, projetos sociais), que tem pouco para oferecer.

Para uma adequada formação de verdadeiros sujeitos maduros e corresponsáveis para a missão, é necessário que a liberdade e autonomia se desenvolvam não no fechamento ou na indiferença, mas na abertura solidária aos outros e suas realidades. A vivência comunitária favorece o amadurecimento cristão, que acontece em uma dinâmica que exige o equilíbrio entre o eu e o outro, sem isolamento nos dons e funções individuais, e sem aniquilamento da individualidade, em função da comunidade (Doc. 105, 130).

O devoto de Santo Expedito deve ser um bom cristão e comprometido com a causa do Reino. Para conhecer melhor a Igreja, deve-se ter consigo os livros, materiais, elencados em seguida, e uma vida cristã comprometida com o Evangelho. Certamente, isso não é tudo, mas orienta a caminhada da vida cristã:

1. A *Bíblia Sagrada*. Ela contém tudo aquilo que Deus revelou a seu povo desde o Antigo Testamento e, no Novo Testamento, aquilo que Jesus revelou aos seus discípulos e à santa Igreja.
2. O *Catecismo da Igreja Católica*. Ali o cristão encontrará tudo aquilo em que ele deve crer e professar na doutrina católica. Nada a mais e nada a menos do que se consta ali. Deve ser um livro de leitura diária.

3. *As Diretrizes da Igreja no Brasil*. A cada quatro anos a Conferência dos Bispos faz uma revisão do documento com novas propostas de pastoral. Esse documento é o marco referencial para a Igreja no Brasil.

4. Livros de formação cristã, revistas católicas, CD's com cantos religiosos para a elevação espiritual. A oração do terço em família, educar os filhos na vida e no compromisso com a Igreja etc.

5. O devoto participa dos movimentos ou das pastorais de sua comunidade paroquial. Em geral, deve-se participar mais das pastorais que dos movimentos. Hoje, temos muitas opções.

6. Quando puder, ler os escritos e orientações do Papa; sempre é oportuno a comunhão com o Pontífice da Igreja. Estar em comunhão com o bispo diocesano e com o pároco de sua paróquia. O devoto deve estar inserido em uma pastoral de sua comunidade.

7. Alguns livros do Pe. Jerônimo Gasques: *Santa Rita* (Editora A Partilha); *São Longuinho* (Editora Santuário); *São José, o Lírio de Deus* (Paulus Editora); *Maria, a Mãe do Povo* (Paulus Editora); *Anjos, Deus Cuida de Nós* (Paulus Editora); *As Cinco Leis do Dízimo* (Paulus Editora); *Manual Essencial do Dízimo* (Loyola Editora); *Um Coração Para Amar* (Loyola Editora).

8. O devoto deve ser um bom dizimista, ser colaborador do Santuário, do Seminário Diocesano, das obras sociais da paróquia e praticante dos mandamentos de Deus e da Igreja. Deve ser um membro atuante na comunidade, enfim, um verdadeiro discípulo missionário de Jesus Cristo.

Enfim, lembra-nos o documento exortativo sobre os leigos: "... A primeira e imediata tarefa dos leigos é o vasto e complicado mundo da política, da realidade social e da economia, como também o da cultura, das ciências e das artes... Contudo, apesar do desenvolvimento da comunidade não ser sua tarefa primeira, os leigos são chamados a participarem da ação pastoral da Igreja" (Documento de Aparecida n. 211).

"Portanto, o leigo não pode substituir o pastor naquilo que lhe compete por vocação, o pastor não pode igualmente substituir o leigo naquilo que lhe é próprio vocacionalmente. A partir da sua vocação específica, cristãos leigos vivem o seguimento de Jesus na família, na comunidade-igreja, no trabalho profissional, nas diversas participações na sociedade civil, colaborando assim na construção de uma sociedade justa e solidária" (Doc. 105 *Sobre os Leigos* números resumidos 6-11).

TERCEIRA PARTE

ORAÇÕES A SANTO EXPEDITO E SUAS HISTÓRIAS

Alguns criam embaraços para a devoção dos santos. Por que será que o culto aos santos incomoda tanto os irmãos protestantes? E quando ouvimos dizer de católicos que não têm devoção a santo algum?! Uns chegam a afirmar que só acreditam em Jesus Cristo e Nossa Senhora.

Outros fazem algumas restrições sobre a figura de Maria, afirmando que não fazem promessas ou rezam o terço devocional a Nossa Senhora. Na maioria das vezes, são pessoas que não tiveram uma formação e catequese voltadas à orientação santoral, ou vêm de famílias desprovidas desses valores religiosos.

A certeza que podemos ter é da catequese insuficiente. Uma catequese falha, que não instruiu o suficiente. A começar em casa, na família. A família é, ou poderá ser, o esteio de uma formação madura da criança que se estende à vida toda.

Uma criança que cresce em um lar hostil não contempla a necessidade de comunhão com os santos. Assistir aos pais que pouco têm de religiosidade ou de espiritualidade cristã não contribui para o crescimento de fé. A consequência poderá ser desastrosa, para a criança e para o jovem no futuro.

A religiosidade sadia alimenta-se da tradição de um povo ou comunidade ativa, em que o santo exerce uma função de alimento na espiritualidade. Não estamos propondo uma religiosidade supersticiosa, como vemos em muitos lugares do Brasil, no que tange a alguns modelos devocionais.

A devoção aos santos não está, acima de tudo, direcionada na ótica da religiosidade; deveria estar contemplada na formação geral do cristão fiel. Um fiel bem formado faz um tremendo bem aos outros, mas uma falta de formação, ou de apenas algumas informações adicionais, não contribui para o crescimento de ninguém.

A devoção a Santo Expedito não poderá ser restrita ao dia dezenove [19] de cada mês. O devoto é aquele que aprende a contemplar a "figura" de Santo Expedito naquilo que ele tem de mais importante: sua convicção cristã carregada de testemunho. Ele foi um cristão, acima de qualquer suspeita; um mártir por defender sua fé, de forma gloriosa, e que não traiu seu Senhor em função das glórias do Império Romano.

Diz o Catecismo da Igreja Católica: "Pelo fato de os habitantes do céu estarem mais intimamente unidos com Cristo, consolidam mais firmemente a toda a Igreja na santidade. (...) não deixam de interceder por nós ante o Pai. Apresentam, por meio do único Mediador entre Deus e os homens, Cristo Jesus, os méritos que adquiriram na terra. (...) Sua solicitude fraterna ajuda muito a debilidade" (CIC § 956).

Pontos que nos permitem refletir:

– Por que, então, duvidar da oração de intercessão daqueles que já estão diante de Deus por terem alcançado a santidade, por meio de uma vida de oração constante e uma busca incessante para realizar a vontade de Deus? (Tg 5,16-20).

– Por que desprezaríamos a intercessão de Nossa Senhora e dos Santos, se o próprio Deus não os desprezou, não deixou de ouvir seus clamores? (Ef 1,3-4; 3,5; Fl 4,21-22). Deus mesmo escolheu esses homens e mulheres para serem seus mensageiros.

– Maria pediu a Jesus um milagre em Caná e Jesus a atendeu! (Jo 2,1-12).

– Quando o povo de Deus pecou, no deserto, adorando outro deus, Moisés intercedeu por ele e Deus o perdoou (Êx 32,10-14).

– Abraão pediu por Sodoma e Gomorra e Deus prometeu, caso existisse ao menos dez justos, poupá-las do castigo por seus pecados (Gn 18,16-33).

– E tantos outros exemplos que poderíamos citar que Deus não é surdo à oração de um justo, fiel a ele (Hb 6,10-12).

A devoção ou culto dos santos, como é praticado na Igreja católica – e não nas superstições espíritas e folclóricas – teve sua origem na Igreja Primitiva ou Apostólica, que era dirigida, ou pelos Apóstolos, diretamente, ou pelos Santos Bispos, que os Apóstolos mesmos estabeleceram para substituí-los, e não tardiamente, no século IV, como falsamente pretendem os protestantes.

É muito comum surgirem problemas que tiram o sono e deixam as pessoas desesperadas. E também é normal ver pessoas que recorrem às orações aos santos para vencerem esses obstáculos. Alguns não bem orientados vão por outro caminho que não o da comunhão dos santos.

Santo Expedito é um santo popular. A ele, porém, não fizeram tantas orações. É bastante difícil encontrar fontes de orações dedicadas a Santo Expedito. Temos algumas, como as que seguem, do devocionário popular, e que se perpetuaram na tradição religiosa de nosso povo.

Mas ele – Santo Expedito – espera que também nós não deixemos para amanhã nossa conversão. Esse Santo Mártir é sempre invocado para a solução de negócios urgentes, cuja demora pode resultar em prejuízo. É o santo da penúltima hora, aquele cuja resposta é imediata, mas que exige o que lhe é prometido seja cumprido de imediato, sem demora.

Alguns testemunhos, colhidos da internet e de anônimos (*fictícios*):

"Santo Expedito me concedeu dois desejos: livrou meu filho de uma cirurgia do coração e colocou em meu ventre outro filho... Obrigada, meu Deus, que realizou meu pedido por meio de Santo Expedito" (*Geslaine*).

"Parece estranho mesmo uma oração pela net, mas senti vontade de me juntar a vocês. Esses dias fiz uma prece a Santo Expedito, que intercedesse junto a Cristo e ajudasse a aliviar as dores de uma irmã minha, que a livrasse do mal, e logo fui ouvida; também pedi que passasse em um concurso e também fui ouvida. Acreditem, se você está aqui lendo esta mensagem e precisa de ajuda, ore, peça a ele, ele levará sua oração aos céus. Eu, a partir de agora, sou devota dele, e vestirei sua camisa para sempre. Ele está em todas as minhas orações noturnas. Acalma-me nos problemas e traz a serenidade para realizar meus feitos. Ore a ele, que ele o ajudará... Obrigada por este momento, meu santo" (*Alessandra*).

"Pedi a Santo Expedito que intercedesse junto a Jesus para passar no vestibular e fui atendida... Universidade Federal de Direito superconcorrida... muito obrigada, Santo Expedito" (*M. Eduarda*).

"Eu tinha um problema de pendência no judiciário. Persisti na invocação e no auxílio de Santo Expedito e fui prontamente atendido" (*Rafael*).

Vamos a uma série de orações dedicadas a Santo Expedito. Elas servirão de referencial para o devoto orar para ele diante de sua imagem, no Santuário, na Igreja, em sua casa, com sua família, entre um momento e outro de espiritualidade.

Interessante seria, ao devoto, criar um espaço de oração em sua casa; fazer um oratório ou uma capela portátil para a divulgação e evangelização das pessoas vizinhas a sua casa. Sempre é uma questão de querer!

Alguns se tornam "missionários" de Santo Expedito, isso quer dizer que divulgam a devoção nos lares. Fazem visitas às famílias, antecipadamente, cadastradas para a oração do terço de Santo Expedito e outras devoções.

Aqui poderíamos falar e propor um trabalho de evangelização expeditina no sentido missionário. Seria uma pessoa ou grupo que se dedicaria à divulgação da devoção e do conhecimento de Santo Expedito. A proposta caminharia no sentido de divulgar as leituras, livros, orações e outras motivações para o conhecimento da história dele.

A maioria das pessoas não conhece sua hagiografia, apenas ouviu dizer e tem uma leve compreensão do santo. Aqui, estamos propondo uma forma de catequese e de divulgação de sua espiritualidade devocional. O devocional seria um segundo interesse dessa catequese. O livro é um auxiliar complementar dessa formação.

Enfim, não podemos deixar de falar da piedade popular e sua espiritualidade. O papa Francisco tem insistido inúmeras vezes sobre esse tema. A Igreja no Brasil tem retomado a reflexão propondo um documento a respeito dos leigos (Doc. 105).[11]

O papa Francisco tem sido enfático nessa forma de evangelizar. "Esta religiosidade popular é uma forma genuína de evangelização, que precisa ser cada vez mais promovida e valorizada, sem minimizar sua importância", observou. "Nos santuários, de fato, nossa gente vive sua profunda espiritualidade, aquela piedade que durante séculos moldou a fé com devoções simples, mas muito significativas."

---

[11] CNBB DOCUMENTO 105. *Cristãos Leigas e Leigos na Igreja e na Sociedade* – Sal da Terra e Luz do Mundo (Mateus 5,13-14). O Documento 105 está dividido em três capítulos além de uma introdução e conclusão. O primeiro capítulo é titulado 'O Cristão Leigo, Sujeito na Igreja e no Mundo: esperanças e angústias' e trata da descoberta da vocação e missão do cristão leigo e leiga na Igreja e na sociedade. O segundo capítulo é titulado 'Sujeito Eclesial: Discípulos Missionários e Cidadãos do Mundo' e trata da compreensão da identidade e da dignidade laical como sujeito eclesial e identifica a atuação dos leigos, considerando a diversidade de carismas, serviços e ministérios na Igreja. O terceiro capítulo, o mais longo, é titulado 'A Ação Transformadora na Igreja e no Mundo' e aborda a dimensão missionária da Igreja e indica aspectos, princípios e critérios de formação do laicato, aponta ainda lugares específicos da ação dos leigos. A conclusão apresenta nove aspectos de itens importantes encontrados no Documento da CNBB 105.

Pensemos na fé firme das mães rezando ao pé da cama de seus filhos doentes, na carga imensa de esperança contida em uma vela acesa, no olhar que se volta para o crucifixo, para o céu, para Maria e os santos (*assim também refletiu papa Francisco*).

A espiritualidade popular, que também precisa ser evangelizada, revela a fé e o amor a Deus nesse ambiente de secularização e de indiferença religiosa em que vivemos. A espiritualidade popular é uma confissão de fé que evangeliza filhos, vizinhos, parentes, amigos e toda a sociedade.

1. MODELOS DE ORAÇÕES PARA O DEVOTO DE SANTO EXPEDITO

Súplica a Santo Expedito

Oh, Santo Expedito!

Honrado pelo reconhecimento daqueles que te invocaram para seus assuntos urgentes, te suplico, com toda humildade, que obtenha da bondosa misericórdia de Deus, por tua intercessão e de Maria Imaculada, Mãe de divina graça, o que te venho pedir (*pedir a graça*). Ofereço-te minha oração para alcançar a graça que te peço.

(Rezar um Pai-nosso, *uma* Ave-Maria *e um* Glória ao Pai)

Oração de Santo Expedito

Ó Deus, que a intercessão de Santo Expedito nos recomende junto a vossa divina bondade, a fim de que, por seu auxílio, obtenhamos aquilo que nossos próprios méritos são impotentes para alcançarmos. Assim seja.

Nós vos pedimos, Senhor, que orienteis, com vossa graça, todos os nossos pensamentos, palavras e ações, para que eles encontrem em vós seu princípio e sejam, por intercessão de Santo Expedito, levados com coragem, fidelidade e prontidão em tempo próprio e favorável, a bom e feliz fim. Por nosso Senhor Jesus Cristo. Assim seja.

Santo Expedito, o santo do impossível

Santo Expedito, amo-te e preciso de ti, estás no meu coração; abençoa-me e abençoa a minha família, meu lar, meus amigos e inimigos (*porque com eles também aprendi*); guarda meus bens espirituais, meus sonhos e projetos; sê meu advogado e exerce tua sabedoria para defenderes-me dos problemas que padeço. Protege-me dos males que me cercam e afasta de mim aqueles que só querem minha perdição. Hoje te peço que me concedas a graça de (*diga o que deseja*) e comprometo-me a difundir teu nome e tua capacidade de ouvires. Em nome de Jesus Cristo. Amém.

Deus, que a intercessão do glorioso mártir Santo Expedito nos recomende junto a vossa bondade divina, a fim de que, com sua proteção, possamos obter aquilo que nossos próprios méritos são impotentes para alcançar, que assim seja.

Nós vos suplicamos, Senhor, que orienteis, com vossa graça, todos os nossos pensamentos e ações para que possamos, com coragem, fidelidade e prontidão, em tempo próprio e favorável, levar a bom termo todos os nossos compromissos e alcançarmos a feliz conclusão de nossos planos.

Por nosso Senhor Jesus Cristo. Amém.

Súplica: Ó Santo Expedito! Animados pelo conhecimento de que foram prontamente atendidos aqueles que vos invocaram à última hora, para negócios urgentes, nós vos suplicamos que nos obtenhais da bondade misericordiosa de Deus, por intercessão de Maria Imaculada, a graça que com toda a humildade solicitamos à vontade divina.

Exaltação a Santo Expedito

Santo Expedito, que nunca deixais nada para amanhã e ajudais a todos nos momentos de muita aflição, venho até vós para confiar-vos as minhas necessidades mais urgentes, pois sei que nunca deixastes de amparar um irmão sofredor.

Preciso que, urgentemente, vós me socorreis neste pedido (*faça seu pedido*), pois, do contrário, colocarei minha vida e família em perigo.

Não sei se agora sou merecedor desse milagre, mas peço, com a maior fé do mundo. Tende clemência. Ajudai-me, Santo Expedito! Rogai a Deus por mim.

Oração a Santo Expedito para fortalecer a fé

Glorioso mártir e bendito protetor nosso, Santo Expedito! Sem levar em conta a nossa falta de merecimento e somente por vossos merecimentos, e ainda pelo infinito e precioso sangue de nosso Senhor Jesus Cristo, pedimos, humildemente, que nos conceda uma fé humilde e abundante em boas obras e verdadeiros frutos de vida eterna.

Pedimos uma firme esperança, que ela jamais enfraqueça, mesmo diante dos obstáculos e das mais amargas penas. Pedimos uma ardente caridade, que dia a dia nos estimule mais e mais no amor divino, e nos faça ver no próximo um irmão e a verdadeira imagem do nosso bom Deus.

Que em todos os nossos pensamentos, palavras e gestos, não só busquemos a glória de Deus, mas que jamais nos afastemos dos ensinamentos da nossa Santa Mãe, a Igreja. Que sempre vejamos, no Supremo Pastor, o representante de Jesus Cristo na terra.

A vós suplicamos também, Senhor, que traga dias de serenidade e de calma para a Igreja, dê boa sorte e prosperidade para nosso país, que os enfermos encontrem seu remédio, os culpados seu perdão, que os justos continuem firmes, os infiéis recebam e absorvam a luz do Evangelho em suas almas, que aqueles que abandonam este vale de lágrimas descansem na paz do Senhor, e que suas almas encontrem a paz eterna.

Por último, glorioso mártir, faça com que o Senhor nos conceda a graça que por vossa intercessão, pedimos nesta novena, se for para vossa maior glória. Havendo confessado a Jesus Cristo aqui na terra, que a mereçamos e possamos divulgá-la entre os bens aventurados, por meio das doçuras do céu. Assim seja!

Oração ao glorioso Santo Expedito

Glorioso Santo Expedito, a prontidão com que soubestes abraçar a fé valeu para vós o título de patrono das causas urgentes. Ajudai-me a não deixar para mais tarde o bem que eu posso fazer agora.

Que eu aprenda a ver logo a necessidade dos meus irmãos. E que eu trabalhe para que se torne mais humano o meio onde eu vivo. Se puder melhorar hoje, não vou deixar para amanhã. Essa prontidão é uma grande virtude: ajudai-me a crescer nela.

Por vossa intercessão junto a Deus, fazei que eu seja decidido na fé e na caridade. E alcançai-me as graças que estou pedindo.

Santo Expedito, intercedei pelo meu pedido;
Santo Expedito, abrandai a minha aflição;
Santo Expedito, dai-me um entendimento de reconciliação. Amém.

Oração para fortalecer o testemunho cristão

Santo Expedito, na força de seu testemunho, venho pedir-lhe a graça da perseverança na fé e no testemunho de vida cristã. São tantas as tentações do dia a dia para vencer, que me sinto acuado e fraco para vencê-las a cada dia. Peço sua ajuda neste momento de discernimento e de sincero desejo de superação. *(Rezar um Pai-nosso)*

Que na intercessão de Santo Expedito possa eu me sentir, com as forças de seu auxílio, mais corajoso. Que o Espírito de Deus que o habitou renove em mim o sincero desejo de me emendar e tomar uma atitude coerente com a minha fé. *(Rezar uma* Ave, Maria*)*

Santo Expedito, interceda por mim junto ao Pai todo amoroso. Assim espero e assim desejo. Amém.

Oração de intercessão a Santo Expedito

Que a intercessão do glorioso mártir Santo Expedito nos recomende, ó meu Deus, junto a vossa bondade, a fim de que com vossa proteção obtenhamos o que os nossos próprios méritos são impotentes para alcançarmos. Assim seja.

Nós vos suplicamos, Senhor, que nos inspire, com vossa graça, todos os nossos pensamentos e ações para que eles encontrem em vós seu princípio e sejam, por intercessão de Santo Expedito, levados com coragem, fidelidade e prontidão em tempo próprio e favorável a bom e feliz fim. Por nosso Senhor Jesus Cristo.

Súplica: Santo Expedito, honrados pelo reconhecimento daqueles que vos invocaram na última hora e para negócios urgentes, nós vos suplicamos que nos obtenha da bondade misericordiosa de Deus, por intercessão de Maria Imaculada, (*faz-se o pedido*) a graça de que com toda a submissão solicitamos da vontade divina.

(*Rezar um* Pai-nosso, *uma* Ave-Maria *e um* Glória ao Pai)

Novena de Santo Expedito

Para os que têm urgência na solução de algum problema. Deve-se rezar durante nove dias seguidos ou com intervalos de um ou dois dias. Sempre escolher o total de nove vezes. A novena é um exercício que o devoto deve fazer e praticar com confiança. Escolhe-se uma das orações anteriores e, depois, o que segue:

Senhor, tende piedade de mim.
Jesus Cristo, tende piedade de mim.
Senhor, tende piedade de mim.
Jesus Cristo, ouvi-nos.
Jesus Cristo, escutai-nos.
Pai Celestial, que sois Deus, tende piedade de mim.
Deus Espírito Santo, tende piedade de mim.
Santa Maria, Rainha dos mártires, rogai por mim.
Santo Expedito, invencível atleta da fé, rogai por mim.
Santo Expedito, fiel até a morte, rogai por mim.
Santo Expedito, que tudo perdeu para ganhar a Jesus, rogai por mim.
Santo Expedito, que foste atormentado, rogai por mim.
Santo Expedito, que pereceste gloriosamente pela espada, rogai por mim.
Santo Expedito, que recebeste do Senhor a coroa de justiça que é prometida aos que lhe amam, rogai por mim.
Santo Expedito, ajudante daqueles que lhe pedem coisas, rogai por mim.
Santo Expedito, patrono da juventude, rogai por mim.
Santo Expedito, auxílio dos estudantes, rogai por mim.
Santo Expedito, modelo de soldado, rogai por mim.
Santo Expedito, protetor dos viajantes, rogai por mim.
Santo Expedito, salvador dos enfermos, rogai por mim.
Santo Expedito, consolador dos aflitos, rogai por mim.
Santo Expedito, apoiador fiel dos que se apegam a vós, rogai por mim.
Santo Expedito, eu vos suplico, não deixeis para amanhã o que podeis fazer hoje, vinde em meu auxílio.
Jesus, Cordeiro de Deus, que tirais o pecado do mundo, perdoai-me, Senhor.

Jesus, Cordeiro de Deus, que tirais o pecado do mundo, escutai-me, Senhor.

Jesus, Cordeiro de Deus, que tirais o pecado do mundo, tende piedade de mim, Senhor.

Jesus, escutai-me.

Jesus, escutai minha oração.

Que minha voz chegue a vós, Senhor.

Terço prestigioso a Santo Expedito

Se você está com algum problema de difícil solução e precisa de ajuda urgente, peça ajuda a Santo Expedito, rezando com fé seu prestigioso terço. É um terço simples. Todos podem dedicar alguns minutos à oração nesse modelo. Você poderá rezá-lo diante do sacrário ou diante de sua veneranda imagem; se não puder ir à igreja, reze-o em sua casa. Convide seus familiares ou vizinhos. Veja como pode ser rezado:

Oração inicial: Senhor Jesus Cristo, humildemente me ajoelho (*ou sentado*) aos vossos pés, para honrá-lo e adorá-lo. Peço-vos perdão por todos os meus pecados, e também por tudo o que em mim possa ser bloqueio à ação de vossa graça, e vos imploro, pela intercessão do vosso servo guerreiro, Santo Expedito, que recebeu de vossas mãos a coroa da glória, que ele receba também de vossas mãos generosas as graças de que tanto necessito (*fazer o pedido*).

Rezar o Creio, *um* Pai-nosso, *uma* Ave-Maria *e um* Glória ao Pai.

Contas grandes: Ó Deus, que vos dignastes elevar à honra dos altares vosso servo guerreiro, Santo Expedito, atendei as minhas súplicas pelos seus infinitos merecimentos (*se desejar reza-se o* Pai-nosso, *além dessa jaculatória*).

Contas pequenas: Santo Expedito, fiel vencedor, intercedei por mim (*citar a intenção*) junto ao Nosso Senhor (*se desejar reza-se a* Ave-Maria, *depois dessa jaculatória*).

Se desejar terminar o terço com a oração da Salve, Rainha, seria interessante (cf. na p. 90).

Oração final: Ó grande Santo Expedito, mártir e soldado de Cristo, que com toda a generosidade vos consagrastes a Deus, sacudindo toda frouxidão em seu serviço, ajudai-me com vossas orações, para que eu me arrependa dos meus pecados, e me converta para Deus, servindo-o com fervor, e peço-vos também que me ajudeis em minhas necessidades, e me alcanceis a graça, que humilde e confiantemente vos peço (*repetir o pedido*). Prometo que serei devoto a vós e propagarei a muitos a devoção do vosso prestigioso terço.

2. A HISTÓRIA DA ORAÇÃO DE SANTO EXPEDITO

Um pouco de história

Neste texto gostaria de esclarecer algo que muitas pessoas não sabem sobre a oração "atual" de Santo Expedito. Existem centenas de páginas na internet, santinhos e uma infinidade de orações distribuídas sobre o nosso querido santo. A oração atual que se divulga sobre Santo Expedito é de minha autoria; isto é, uma adaptação que fiz à antiga oração a ele atribuída.
Como ou o que ocorreu?
Quando criamos a "Casa de Solidariedade Santo Expedito", no Jardim Jequitibás, Presidente Prudente, SP (ano 2000), iniciamos a devoção ao santo e, mais tarde, construímos uma capela-oratório dedicada a ele. Nas celebrações do dia 19 de cada mês, senti a necessidade de uma oração mais adaptada e assim a traduzi para uma linguagem mais coloquial (*conferir a comparação mais adiante*).
A oração atribuída a Santo Expedito, de autor desconhecido, é bastante rígida e não coloquial. Guarda ainda uma tônica de rispidez. Observava-se que assim

era mais difícil de rezar ao santo. Como toda oração antiga, segue os mesmos traços de severidade.

Isso, certamente, dá um tom mais sério à oração. Agora façamos as comparações. Observem como era a oração tradicional atribuída ao santo (*com autor desconhecido*) e, depois, a mais coloquial de minha autoria (*Pe. Jerônimo Gasques*) e que se tornou popularizada e comercializada por outros, infelizmente.

A oração tradicional

Meu Santo Expedito, das causas justas e urgentes, socorrei-me nesta hora de aflição e desespero, intercedei por mim junto ao Nosso Senhor Jesus Cristo, vós que sois um Santo guerreiro, vós que sois o Santo dos aflitos, vós que sois o Santo dos desesperados, vós que sois o Santo das causas urgentes, protegei-me, ajudai-me, dai-me força, coragem e serenidade. Atendei ao meu pedido: (*fazer o pedido*) ajudai-me a superar essas horas difíceis, protegei-me de tudo que possa me prejudicar, protegei a minha família, atendei ao meu pedido com urgência. Devolvei-me a paz e a tranquilidade. Serei grato pelo resto de minha vida e propagarei sempre o vosso nome. Obrigado.

A oração "traduzida" em linguagem coloquial

Meu Santo Expedito, das causas justas e urgentes, intercedei por mim junto ao Nosso Senhor Jesus Cristo; socorrei-me nesta hora de aflição e desespero, meu Santo Expedito.

Vós que sois um Santo guerreiro; vós que sois o Santo dos aflitos; vós que sois o Santo dos desesperados; vós que sois o Santo das causas urgentes, protegei-me. Ajudai-me. Dai-me força, coragem e serenidade. Atendei meu pedido (*fazer o pedido*). Meu Santo Expedito! Ajudai-me a superar estas horas difíceis, protegei-me de todos que possam me prejudicar, protegei minha família, atendei o meu pedido com urgência. Devolvei-me a paz e a tranquilidade. Meu Santo Expedito! Serei grato pelo resto de minha vida e levarei vosso nome a todos que têm fé. Amém.

***

O que podemos aprender de Jesus a respeito da oração:

Jesus nos disse para vigiar e orar porque nossa carne é fraca e enfrentamos muitas tentações. Quando vigiamos e oramos, ficamos mais fortes para resistir à tentação. "Para mim, a oração é um impulso do coração, um simples olhar dirigido para o céu, um grito de agradecimento e de amor, tanto do meio do sofrimento como do meio da alegria. Em uma palavra, é algo grande, algo sobrenatural que me dilata a alma e me une a Jesus" (Santa Teresinha).

Na noite em que foi preso, Jesus foi para o jardim do Getsêmani com seus discípulos para orar. Mas, enquanto ele orava sozinho, os discípulos adormeceram. Quando voltou, Jesus repreendeu os discípulos e os avisou que deveriam vigiar e orar, para não caírem em tentação (Mt 26,40-41). No entanto, eles adormeceram outras duas vezes!

Os discípulos não vigiaram e, quando chegou a hora de Jesus ser preso, todos fugiram e, Pedro, até negou Jesus três vezes. Eles não estavam prontos, por isso foram apanhados de surpresa. Aprendamos essa lição dos discípulos...

Completando sua história

Um pouco, em resumo, sobre Santo Expedito para a motivação de catequese.

Cumpre observar que há várias versões também aceitas por muitos que dizem que Santo Expedito teria sido soldado, juntamente com Hermógenes e Caio, possivelmente, no princípio do século IV, e que foi martirizado como nos indica a palma – a palma do laurel do martírio – que ele segura na mão esquerda, e teria sofrido o martírio na cidade de Metilene, situada na república Armênia, região conhecida como Capadócia.

Segundo essa versão, a origem do nome é porque os soldados romanos eram de ataque rápido – igual os comandos de hoje, com armas leves e pouca armadura – e eram chamados "Expedictus".

O motivo de seu martírio foi porque ele não quis render culto aos deuses pagãos (cf. nota 2) e o próprio imperador Diocleciano foi quem ordenou seu martírio para que cedesse à fé nos deuses romanos. Mas Expedito não cedeu à tentação da idolatria.

Em alguns livros de santos se narra o martírio que sofreu com outros soldados para renunciar a sua fé cristã. Parece ter havido um morticínio coletivo de vários soldados cristãos ao mesmo tempo.

Os atos dos mártires, da época, narram alguns tipos de torturas com grandes prensas de madeira que esmagavam os ossos dos joelhos e pés, a roda que esticava o corpo até arrancar os braços e, finalmente, queimaduras com óleo e brasas até a morte.

O tipo de crueldade parecia que não tinha tamanho e a ousadia era enorme. No entendimento deles, os cristãos poderiam recuar diante dos testemunhos de crueldade e aderir à adoração dos deuses romanos. Assim, só não cediam aos ídolos quem tivesse a fé em um Deus verdadeiro e convicção suficiente para suportar, como foi o caso de Santo Expedito.

As principais perseguições

Adendo. Resumo das principais perseguições no Império Romano, no qual se inseria o nosso mártir Expedito. Certamente, esse histórico nos dá algumas indicações para compreender seu significado. Vejamos, em resumo:

– *Primeira perseguição: ano* 67. A primeira perseguição da Igreja foi movida por Nero, sexto imperador de Roma, incluindo as mais atrozes barbaridades. Entre outros caprichos diabólicos, ordenou que a cidade de Roma fosse incendiada (incêndio que se delongou por anos), com centenas de mortos.

– *Segunda perseguição: ano* 81. A segunda perseguição foi suscitada pelo imperador Domiciano. Entre suas loucuras, ordenou a execução de todos os descendentes da linhagem de Davi.

– *Terceira perseguição: ano* 108. Iniciada pelo imperador Trajano e continuada por seu sucessor, o imperador Adriano. A matança de cristãos era diária e tão brutal que levou os próprios romanos (como Plínio, o Jovem) a interceder por eles, sem sucesso.

– *Quarta perseguição: ano* 162. A quarta perseguição foi suscitada pelo imperador Marco Aurélio Antonino. Alguns dos mártires eram obrigados a passar, com os pés já feridos, sobre espinhos, pregos, pontas aguçadas etc., colocados em ponta; outros eram açoitados até a morte.

– *Quinta perseguição: ano* 192. O avanço do cristianismo alarmava os pagãos e reavivou-se a calúnia de se imputar aos cristãos as responsabilidades pelas desgraças, eventualmente, ocorridas em Roma e arredores.

– *Sexta perseguição: ano* 235. Maximino começou uma nova perseguição. O governador da Capadócia, Sereiano, fez todo o possível para exterminar os cristãos daquela província.

– *Sétima perseguição: ano* 249. A sétima perseguição foi implantada pelo imperador Décio, em face dos recentes avanços do cristianismo e apesar das inúmeras dissensões presentes.

– *Oitava perseguição: ano* 257. Esta perseguição começou sob Valeriano, no mês de abril de 257 d.C., e continuou durante três anos e seis meses. Os mártires que sofreram essa penosa perseguição foram inúmeros, e suas torturas e mortes foram variadas, terríveis e penosas.

– *Nona perseguição: ano* 274. A nona perseguição começou sob o governo do imperador Aureliano; teve um período de paz e recomeçou com Diocleciano em 284.

O nosso Santo Expedito encontrava-se nesse período como soldado do Império Romano e conhecia, de perto, a crueldade da perseguição.

– *Décima perseguição*: ano 303. É a chamada Era dos Mártires, ocasionada, em parte, pelo aumento no número dos cristãos e pelo ódio da esposa e do filho adotivo de Diocleciano, Galério, contra o povo cristão. A sangrenta perseguição teve início em 23 de fevereiro de 303 (o dia da Terminalia, em que os cristãos deveriam ser dizimados por completo), com a destruição de igrejas, queima de livros religiosos e martírio de qualquer um que professasse a fé cristã (cf. Compilação resumida da obra: *O Livro dos Mártires*, de John Fox, escrito originalmente no século XVI, acessado em *www.sendarium.com* em 30 de janeiro de 2018).

CONCLUSÃO

Estamos chegando ao final do nosso livro dedicado à reflexão sobre alguns pontos da vida de Santo Expedito. Como o leitor tem observado, não encontramos muito material a respeito da história dele. As lendas e alguns textos aleatórios ajudaram-nos a montar umas respingadas linhas de sua hagiografia.

Escrever sobre algum mártir da era primitiva é sempre uma empreitada difícil. Não encontramos muito material disponível para as pesquisas. Tudo fica restrito. A imaginação tem de funcionar motivada pela experiência histórica e pelos respingos de algumas gotas da história.

Esse aspecto leva alguns a não acreditarem na existência de Santo Expedito e, até, a afirmarem que ele não existiu. Não foi esse o objeto de nossa reflexão. Queremos fazer entender que sua história é repleta de reminiscências de respingos de luz sobre alguém que dera sua vida pela causa do Evangelho. Expedito é um dentre os milhões que tombaram por causa da fé em Jesus Cristo. Nisso acreditamos piamente!

Temos percorrido um longo caminho até chegarmos a esse tema. O ponto final, nem sempre, é um tópico de término da caminhada, mas poderá ser uma divisa de partida. Outros, com mais jeito, farão a travessia e contarão mais histórias que as que seguiram até aqui.

Santo Expedito é sempre um ponto de partida para todos os seus devotos. Partimos dele, da devoção e admiração a ele, para chegarmos ao ponto máximo: sermos discípulos missionários de Jesus Cristo. Certamente, era isso que Expedito sempre buscou em sua vida.

O devoto, em geral, não está em busca de histórias, mas de afirmações de fé. Isso, certamente, temos aos montes. A devoção não se fixa na materialidade de uma vida, mas na afirmação da profissão de fé. Nosso livro não é um livro de história, mas um livro sobre a vida de alguém que viveu em profundidade sua fé e a testemunhou com a vida, tornando-se mártir.

Sua determinação em não se deixar contaminar pelo desânimo e pelos inimigos que desejavam ver sua derrota; soube dar a volta por cima e, passando pela dor, atingiu o alvo definitivo que era Cristo. Em nenhuma das histórias e lendas que se contam a seu respeito, anota-se algum ponto de desleixo com a fé ou de reticência diante da perseguição.

Expedito, como jovem, tornou-se um homem adulto na fé; um soldado acima de qualquer suspeita. Um cristão maduro que preferiu o martírio a se deixar seduzir pelo poder e pelas glórias do mundo.

Com sua vida testemunhou Jesus Cristo até o fim. Foi fiel guerreiro e indomável trabalhador da vinha de nosso Senhor. Não esmoreceu diante dos apelos aos ídolos e dos inimigos; lutou como valente guerreiro em busca da coroa da vitória. Foi um ousado jovem cristão e soube apreciar o valor da graça de Deus em sua vida.

Parece que Expedito faria bem à juventude. Diante dos desafios do mundo jovem e das seduções; diante do hedonismo, do paganismo, da imoralidade, a juventude teria alguém para contemplar e comparar com a história de Expedito; ela se harmoniza com sua vida disciplinada e cheia de virtudes.

Muitos jovens e adultos procuram e se espelham em modelos chamados de "ídolos". Os cristãos, nessa fase de idade, deveriam procurar o modelo e exemplo de santos e santas que tiveram e viveram a vida cristã, humanamente, em plenitude. A catequese, certamente, teria essa tarefa de instruir a juventude. Contudo, quando não se conhece a história desses homens e mulheres de Deus, nada poderá ser feito em benefício de uma catequese centrada em modelos de vida cristã.

Sinal de testemunho para nossa juventude que necessita de um referencial cristão. Aprendeu com a vida que servir ao Rei dos Reis era seu destino e missão. Determinado e corajoso nas coisas de Deus. Talvez, seja esse o maior milagre de sua vida: onde tantos desejavam tê-lo como o referencial de sua vida; testemunhou com o martírio sua fé.

Santo Expedito é coroado com o laurel da vitória. Carrega a palma na mão como sinal de alguém que lutou e venceu. Ao devoto de Santo Expedito é dado contemplar esse homem-jovem corajoso e aprender dele que não existe problema sem solução, apenas pessoas que não são determinadas.

Olho, portanto, para Santo Expedito e me lanço na aventura de buscar uma resposta para minha urgente situação.

Finalizemos ouvindo e meditando sobre esta história:

A cruz trocada

Há uma poesia, chamada "a cruz trocada", que fala de uma mulher que, muito cansada, achou que sua cruz era mais pesada que a cruz de outras pessoas e desejou trocá-la por outra. Muitas vezes, cansamo-nos e não suportamos o peso de nossa cruz. Ela se torna pesada, grande e sem virtude alguma.

Certa vez, a mulher sonhou que tinha sido levada a um lugar onde havia muitas cruzes, de diversos formatos, cores, estilos e tamanhos. Havia uma cruz bem pequena e linda, cravejada de ouro e pedras preciosas.

– Ah, esta eu posso carregar facilmente, disse ela.

Então a tomou; mas seu corpo frágil estremeceu sob o peso daquela cruz. As pedras e o ouro eram lindos, mas o peso era demais para ela. Nem tudo que é belo e vistoso nos serve de referência.

A seguir, viu uma bonita cruz, com flores entrelaçadas ao redor de seu tronco e braços. Esta seria a cruz ideal, pensou. Então a tomou, mas sob as flores havia espinhos, que lhe feriram os ombros. Achou que não era a mais desejada. Desejava uma cruz sem espinhos; lisa e engomada. Uma cruz de enfeite, que todos admirariam.

Finalmente, mais adiante, viu uma cruz simples, sem joias, sem entalhes, tendo apenas algumas palavras de amor inscritas nela. Pegou-a e viu que era a melhor de todas; a mais fácil de carregar. Era uma cruz com pouco significado e que não atrairia o olhar de ninguém, devido a sua simplicidade.

E, enquanto a contemplava banhada pela luz que vinha do céu, reconheceu que era sua própria cruz (*autor desconhecido*). Sua cruz era a menor e a mais leve e insignificante de todas. Que lição a ser aprendida. Que pecado a ser contemplado. Que perdão deverá ser pedido pelo desprezo e insignificância de sua cruz.

Como dizem: Deus sabe melhor qual é a cruz que devemos levar. Não é bem assim. Invejamos uma pessoa que é rica, sua cruz é de ouro, mas não sabemos o peso que tem. Ali está outra pessoa, cuja vida parece muito agradável, sua cruz está ornada de flores. Se pudéssemos experimentar todas as outras cruzes, que julgamos ser mais leves, descobriríamos, por fim, que nenhuma delas é tão ideal para nós como a nossa.

A cruz de Cristo é um imenso candelabro.
Quem quiser brilhar não deve
envergonhar-se deste castiçal de madeira.
Escutai e compreendereis:
o castiçal é a cruz de Cristo. (Santo Agostinho)

Assim diz a Palavra de Deus: "Porque a palavra da cruz é loucura para os que perecem; mas para nós, que somos salvos, é o poder de Deus" (1Cor 1,18). "Porque muitos, dos quais repetidas vezes vos disse, e agora vos digo até chorando, são inimigos da cruz de Cristo" (Fl 3,18).

Alguns autores, desconhecidos, escreveram: "Jesus não foi para o palco, ele foi para a cruz. Muitos querem o palco, poucos querem a cruz" e "Antes de tomar posse da bênção é preciso tomar posse da cruz de Cristo" (*autor desconhecido*).

Alguns, apenas, desejam a bênção, a cura, a prosperidade e poucos desejam tomar sua cruz e seguir Jesus. Santo Expedito tinha tudo para renegar a fé cristã e seguir os princípios do Império Romano, mas, não, optou pela cruz, pelo martírio.

Nossa cruz é única e exclusiva! Ela é intransferível, ninguém pode carregá-la em nosso lugar. Ela é a nossa digital. Apenas encontramos alguns Cirineus que nos ajudam, em alguns momentos, a aliviar seu peso. Santo Expedito é nosso Cirineu; ele está ali, sempre pronto a nos atender. Sua imagem com aquele manto jogado aos ombros representa essa disponibilidade.

Querido devoto de Santo Expedito, lembre-se: nossa cruz é a melhor e mais leve que as demais. Cada um de nós tem a cruz que nos cabe, cujo peso é suportável.

Que Santo Expedito nos auxilie nesta jornada difícil... Procuremo-lo nos momentos de urgência e encontraremos um conforto para o hoje de nossa vida! Ele é de urgência e de emergência. Sejamos solícitos a sua procura.

Índice

Apresentação 5
(Pe. Umberto Laércio)

Introdução 9

Primeira parte
Introdução à devoção a Santo Expedito 17
   1. Santo Expedito, um pouco de sua história 23
   2. O culto a Santo Expedito no Brasil 39
   3. A imagem duvidosa de Santo Expedito 43
   4. Os símbolos presentes em sua
      imagem-representação 47
   5. Como entendemos o Santo Guerreiro 51
   6. Oito razões para se crer em Deus
      e em Santo Expedito 57
   7. Santo Expedito, em Jesus,
      é um bálsamo para a vida 67
   8. Santo Expedito: um santo mártir 75

Segunda parte
Rezar com Santo Expedito: orações do culto cristão .. 83
1. Introdução às orações devocionais 85
2. Algumas instruções pastorais 97

Terceira parte
Orações a Santo Expedito e suas histórias 101
1. Modelos de orações para o devoto de Santo Expedito 111
2. A história da oração de Santo Expedito 121
   Um pouco de história 121
   A oração tradicional 122
   A oração "traduzida" em linguagem coloquial 122
   Completando sua história 124
   As principais perseguições 125

Conclusão 129

Este livro foi composto com as famílias tipográficas Calibri e Berlinger
e impresso em papel Offset 63g/m² pela **Gráfica Santuário**.